防范风险隐患
规范财务管理

行政事业单位财务管理常见问题及案例

高广京　黄晖雁◎主编

气象出版社
China Meteorological Press

图书在版编目（CIP）数据

行政事业单位财务管理常见问题及案例 / 高广京，黄晖雁主编. -- 北京 : 气象出版社, 2022.5
ISBN 978-7-5029-7699-6

Ⅰ. ①行… Ⅱ. ①高… ②黄… Ⅲ. ①行政事业单位—财务管理—案例—中国 Ⅳ. ①F812.2

中国版本图书馆CIP数据核字(2022)第070115号

行政事业单位财务管理常见问题及案例

Xingzheng Shiye Danwei Caiwu Guanli Changjian Wenti ji Anli

出版发行：气象出版社

地　　址：北京市海淀区中关村南大街 46 号　**邮政编码**：100081

电　　话：010-68407112（总编室）　010-68408042（发行部）

网　　址：http://www.qxcbs.com　**E-mail**：qxcbs@cma.gov.cn

责任编辑：宿晓凤　廖红艳　**终　　审**：吴晓鹏

责任校对：张硕杰　**责任技编**：赵相宁

封面设计：艺点设计

印　　刷：北京中科印刷有限公司

开　　本：889 mm×1194 mm　1/32　**印　　张**：2.5

字　　数：75 千字

版　　次：2022 年 5 月第 1 版　**印　　次**：2022 年 5 月第 1 次印刷

定　　价：15.00 元

本书编委会

顾　问：刘　彤

主　编：高广京　黄晖雁

副主编：冷　毅　许希海　董　楠

委　员：张夏虹　师英英　鞠济阳

　　　　张　京　顾　蕾

前　言

近年来，行政事业单位财经纪律、财务制度执行要求越来越严格，为了预防、减少违纪违规行为，防范风险隐患，规范财务管理，本书通过案例的形式，梳理典型问题，分析其中的风险，使广大读者能够正确理解和运用规章制度。

本书共介绍了84个案例，涵盖预算决算、资金管理、资产管理、政府采购、项目管理、费用支出、制度建设和内部控制7个方面。每个案例在简要介绍基本情况的基础上，对存在的问题进行了分析解读，并摘录了相关的条例规范等作为延伸阅读，希望读者以案为鉴，提高认识和警惕，在财务管理工作中举一反三、引以为戒，正确理解和运用规章制度。

由于编者水平和经验有限，书中难免存在疏漏和不完善之处，敬请读者批评指正。

目　录

第一部分　预算决算方面

一、预算编制编报不准确问题

案例一　20××年，某事业单位将在编不在岗的人员作为实有人员数编报部门预算。

案例解析

该案例属于预算编报不准确问题，单位应该按照在编在岗实际人数编报预算。实际工作中还可能存在以下情况：长期不上班，单位仍申报编制，足额领取工资；借调人员借出、借入单位双方都编制人员预算，导致借调人员领取双份工资；人员已调整工作单位，但由于原单位工资高，故工资关系长期不转，占用原单位编制；等等。以上这些都属于在编不在岗人员领取工资、津贴补贴的违规情况，反映出单位存在人事管理制度不健全、编制不透明、对人事和财务状况监管不力等问题，严重的可能会造成“吃空饷”的问题。

延伸阅读

《中华人民共和国预算法》(2018年)

第三十六条　各级预算收入的编制，应当与经济社会发展水平相适应，与财政政策相衔接。

各级政府、各部门、各单位应当依照本法规定，将所有政府收入全部列入预算，不得隐瞒、少列。

第三十七条　各级预算支出应当依照本法规定，按其功能和经济性质分类编制。

各级预算支出的编制，应当贯彻勤俭节约的原则，严格控制各部门、各单位的机关运行经费和楼堂馆所等基本建设支出。

各级一般公共预算支出的编制，应当统筹兼顾，在保证基本公共服务合理需要的前提下，优先安排国家确定的重点支出。

《党政机关厉行节约反对浪费条例》(2013 年)

第七条　党政机关应当加强预算编制管理，按照综合预算的要求，将各项收入和支出全部纳入部门预算。

党政机关依法取得的罚没收入、行政事业性收费、政府性基金、国有资产收益和处置等非税收入，必须按规定及时足额上缴国库，严禁以任何形式隐瞒、截留、挤占、挪用、坐支或者私分，严禁转移到机关所属工会、培训中心、服务中心等单位账户使用。

二、预算执行不严格问题

案例二　某事业单位 20××年 6 月初支付 7 月的人员工资；某事业单位 20×6 年 6 月支付 7—8 月的离退休工资；某事业单位 12 月在当年电费完全支付的情况下提前支付下一年度的电费。

案例解析

该案例中，上述单位未严格按照审定的年度预算和用款计划进行资金支付。实际工作中，有的单位并未按照年度预算和用款计划支出，尤其是在预算执行进度统计的时间节点，可能会存在为了加快预算执行而提前支出的情况。这些情况反映出某些单位存在预算编制不合理，与实际支出相脱节的问题，也可能存在支出审批不严格、支出随意性较大的问题。

案例三　某事业单位有一项目于 20××年 6 月底支付一笔 50 万元的委托业务费，当年 7 月国库支付平台显示该单位有一笔 50 万元的经费退回，造成该单位该项目预算执行率下降。经询问，是由于该单位为完成预算执行进度，便于6月先用该项目经费50万元支付了其他项目款，所以7月该笔经费被退回。

案例解析

该案例存在未严格按照审定的年度预算和用款计划进行资金支付的问题，同时还存在跨项目混用财政资金的问题。实际工作中，有的单位为达到预算执行进度，通常会采取故意打错汇款账户信息，完成月底或年底执行进度达标要求，但款项下月又退回的手段。此种手段看似并未造成财政资金实际上的损失，但是由于资金的支出、退回存在一定的时间差，有可能会被有心之人利用牟取私利，例如先将资金转移至相关单位账户，赚取一定的利息，甚至挪为私用，过后再将钱退回。

案例四　20××年×月，某事业单位从零余额账户提取现金18万元，存入本单位基本户，用于缴纳单位职工的社会保险。经查，该笔提取的额度远远大于该月单位应缴纳的职工社会保险金额。

案例解析

该案例存在为完成预算执行进度，通过大额提现方式从零余额账户转移远超过实际经济业务活动所需资金至其他账户的问题。实际工作中，有的单位为躲避国家对财政专户的监控或出于其他原因，随意提取大额现金用于各种支出，违反了国家的现金管理制度。

延伸阅读

《中华人民共和国预算法实施条例》(2020年)

第五十七条　各级政府财政部门应当加强对预算资金拨付的管理，并遵循下列原则：

(一)按照预算拨付，即按照批准的年度预算和用款计划拨付资金。除预算法第五十四条规定的在预算草案批准前可以安排支出的情形外，不得办理无预算、无用款计划、超预算或超计划的资金拨付，不得擅自改变支出用途；

（二）按照规定的预算级次和程序拨付，即根据用款单位的申请，按照用款单位的预算级次、审定的用款计划和财政部门规定的预算资金拨付程序拨付资金；

（三）按照进度拨付，即根据用款单位的实际用款进度拨付资金。

《现金管理暂行条例》(2011年)

第三条　开户单位之间的经济往来，除按本条例规定的范围可以使用现金外，应当通过开户银行进行转账结算。

第五条　开户单位可以在下列范围内使用现金：

（一）职工工资、津贴；

（二）个人劳务报酬；

（三）根据国家规定颁发给个人的科学技术、文化艺术、体育等各种奖金；

（四）各种劳保，福利费用以及国家规定的对个人的其他支出；

（五）向个人收购农副产品和其他物资的价款；

（六）出差人员必须随身携带的差旅费；

（七）结算起点以下的零星支出；

（八）中国人民银行确定需要支付现金的其他支出。

钱款结算起点定为1000元。结算起点的调整，由中国人民银行确定，报国务院备案。

三、无预算、超预算问题

案例五　20××年，某事业单位在决算编制中从公用经费列支机关离退休支部书记工作补贴6万元；某事业单位发放值班费、加班费等人员经费4.72万元，计入“基本支出—商品和服务支出”科目。

案例解析

该案例属于人员经费挤占公用经费问题。人员经费是指根据国家规定的工资标准,用于单位在职人员的工资福利支出与对个人和家庭的补助支出;公用经费是指单位购买商品和服务的支出。案例中,离退休工作补贴属于人员经费,该事业单位从公用经费中列支,不符合规定;“基本支出—商品和服务支出”属于公用经费支出科目,而值班费、加班费属于人员经费,应计入“基本支出—工资福利支出”。

案例六　20××年,审计人员检查发现,某事业单位项目支出超预算执行20.15万元。原因在于招投标代理费、设备采购费、决算审计费等各类费用在编制预算时无法精准测算,存在费用误差,导致项目超预算20.15万元,从项目实施单位自有资金列支。

案例解析

该案例属于无预算、超预算安排项目经费问题。按照规定,项目资金的支出应按照预算执行,执行过程中,如果出现需要调整预算的情况,应按照规定的程序报批。实际工作中,有的单位项目资金出现无预算、超预算支出的情况,可能是项目实际实施过程中出现无法预计的情况,此时需要列支预算未涵盖范围的资金支出,应按照财政部相关要求调整预算后再列支;也可能是某些单位在编制项目预算时,存在“先要钱、怎么花看情况再说”的思想,预算列支的支出并无实质性内容,造成预算对支出毫无约束力,存在预算与实际支出相脱节的情况。

案例七　20××年,审计人员检查发现,某垂直管理的事业单位因工作安排调整等原因,未能按年初计划安排业务人员参加业务专项培训,便将该专门项目的培训预算经费20万元统筹安排到另一项目。该培训专门项目为中央财政安排的项目。

案例解析

该案例属于混用项目预算问题,根本上也属于无预算、超预算安排项目经费问题。按照规定，项目的资金支出要按照预算执行，不能无预算、超预算支出。项目预算资金需要调整的，应按照规定的程序报批。实际工作中，有的单位存在为完成预算，将在一个项目中无法执行的预算擅自调整至另一个项目，或者为了避免项目结转资金交回财政部，擅自调整结转资金至其他项目的情况，这些均属于违规行为。

延伸阅读

《中华人民共和国预算法》(2018年)

第十三条　经人民代表大会批准的预算，非经法定程序，不得调整。各级政府、各部门、各单位的支出必须以经批准的预算为依据，未列入预算的不得支出。

《中央本级项目支出预算管理办法》(2007年)

第二十八条　项目支出预算一经批复，中央部门和项目单位不得自行调整。预算执行过程中，如发生项目变更、终止的，必须按照规定的程序报批，并进行预算调整。

《基本建设财务规则》(2017年)

第十六条　项目建设单位编制项目预算应当以批准的概算为基础，按照项目实际建设资金需求编制，并控制在批准的概算总投资规模、范围和标准以内。

项目建设单位应当细化项目预算，分解项目各年度预算和财政资金预算需求。涉及政府采购的，应当按照规定编制政府采购预算。

项目资金预算应当纳入项目主管部门的部门预算或者国有资本经营预算统一管理。列入部门预算的项目，一般应当从项目库中产生。

第二十条　项目主管部门应当按照预算管理规定，督促和指导项目建设单位做好项目财政资金预算编制、执行和调整，严格审核项目财政资金预算、细化预算和预算调整的申请，及时掌握项目预算执行动态，跟踪分析项目进度，按照要求向财政部门报送执行情况。

第二部分　资金管理方面

一、公务卡管理不规范问题

1. 公务卡使用

案例八　20××年×月，某事业单位支付车辆保险费8077.65元至职工个人储蓄卡账户，该支出为单位一辆公务车的车辆保险费，发票、合同销售方为某保险公司。该单位职工为经办人，因办理业务时自行垫付了支出，经费报销时，款项便支付给了职工个人。

案例解析

上述案例未按照要求使用公务卡结算。按照规定，公务用车运行维护费（燃料费、维修费、保险费等支出）属于公务卡强制执行目录内容。常见的类似情况还有水电费、办公费、邮电费、维修（护）费、专用材料费等支出。一些职工办理业务时图省事，采用现金、其他银行卡，或者未绑定公务卡的微信、支付宝等方式自行随意支付，报销时单位财务直接把报销款打入经办人储蓄账户，经常出现公务卡“有卡不用”的现象，不能充分发挥公务卡制度的监督作用。使用公务卡支付，每一笔支出都留有痕迹，可以查到收款人、付款人、支付金额、支付时间等资金流动信息，便于对财政资金的全方位监控。采用现金、个人微信或支付宝等方式办理业务时，资金流向不明确，收款人和收款金额存在不确定性，可能会隐匿一些造假套取财政资金的违规行为，比如报销金额大于实际支付金额、实际收款人与发票单位不一致等。

延伸阅读

《关于实施中央预算单位公务卡强制结算目录的通知》(2011 年)

二、严格执行公务卡强制结算目录

(一)所有实行公务卡制度改革的中央预算单位,都应严格执行中央预算单位公务卡强制结算目录。

(二)凡目录规定的公务支出项目,应按规定使用公务卡结算,原则上不再使用现金结算。原使用转账方式结算的,可继续使用转账方式。

……

附件:

中央预算单位公务卡强制结算目录

序号	公务卡结算项目	备注
01	办公费	指单位购买按财务会计制度规定不符合固定资产确认标准的日常办公用品、书报杂志等支出。
02	印刷费	指单位的印刷费支出。
03	咨询费	指单位咨询方面的支出。
04	手续费	指单位支付的手续费支出。
05	水电费	指单位支付的水电费支出。
06	邮电费	指单位开支的电话费、电报费、传真费、网络通讯费等支出。
07	物业管理费	指单位开支的办公用房、职工及离退休人员宿舍等的物业管理费,包括综合治理、绿化、卫生等方面的支出。
08	差旅费	指单位工作人员因出差支付的住宿费、购买机票支出等。
09	维修(护)费	指单位日常开支的固定资产(不包括车船等交通工具)修理和维护费用,网络信息系统运行与维护费用。

续表

序号	公务卡结算项目	备注
10	租赁费	指租赁办公用房、宿舍、专用通讯网以及其他设备等方面的费用。
11	会议费	指会议中按规定开支的房租费、伙食补助费以及文件资料的印刷费、会议场地租用费等。
12	培训费	指各类培训支出。
13	公务接待费	指单位按规定开支的各类公务接待(含外宾接待)费用。
14	专用材料费	指单位购买日常专用材料的支出。具体包括药品及医疗耗材,农用材料,兽医用品,实验室用品,专用服装,消耗性体育用品,专用工具和仪器,艺术部门专用材料和用品,广播电视台发射台发射机的电力、材料等方面的支出。
15	公务用车运行维护费	指公务用车的燃料费、维修费、保险费等支出。
16	其他交通费用	指单位除公务用车运行维护费以外的其他交通费用。如飞机、船舶等的燃料费、维修费、保险费等。

2. 公务卡还款

案例九　20××年×月,某事业单位支付差旅费1.52万元至职工个人储蓄卡账户。经核实,该事项为职工参加函授学习报销的差旅费,该职工当时使用了公务卡结算,但由于时间间隔较长,公务卡小票遗失,且已经自行还款,报销时便转款给个人。

案例解析

上述案例存在公务卡还款不规范问题。类似情况在实际工作中比较常见,一些人误以为只要在结算环节使用公务卡就可以了,由于各种原因导致不能在规定的免息还款期内办理报销业务的,便自行还款了事,报销业务时款项直接转至个人储蓄账户。这导致公务卡的使用和还款业务脱节，收款方不能体现真实经济交易信息，使得公务卡的监督作用大打折扣，长期如此还会打击业务办理人员使用公务卡结算的积极性。

案例十　20××年×月，某事业单位支付电费5000元至职工个人储蓄卡账户。经核实，该单位缴费人员在本辖区供电所进行电费缴存时，使用公务卡进行支付结算（因当天供电所POS机出现故障，便使用微信绑定的公务卡进行支付）。在进行账务报销时，由于出纳人员变动，对业务不熟练，在转账时未见公务卡刷卡回单，故将此笔费用转至个人储蓄卡账户。

案例解析

上述案例存在公务卡还款不规范问题。一些基层单位财务人员多为非专业人员兼职且经常变动，对财务制度规定的学习不够，对公务卡还款的有关规定不太了解，未能审核公务消费的真实性，使得公务卡制度执行不到位。

3. 公务卡日常管理

案例十一　20××年×月，某事业单位支付办公费3800元至某职工个人储蓄卡账户。经核实，因该职工未在该单位公务卡系统里备案，无法进行公务卡还款，但在报销时已提供公务卡刷卡签购单等报销凭证，故向个人账户划转资金。

案例解析

上述案例属于未按照要求做好公务卡日常管理。该单位存在公务卡管理部门对公务卡办卡、开卡、维护等事项重视程度不够，相关事项办理不及时的问题。在一些地区，部分银行工作人员对公务卡业务不了解，使得预算单位的公务卡业务办理流程不顺畅，单位需要加强与银行的沟通交流，必要时可通过上级部门协调解决。

案例十二　20××年×月，某事业单位支付购买办公用品费用4800元至某职工个人储蓄卡账户。经核实，因个人公务卡损坏，使用个人其他信用卡消费，故转账给个人账户。

案例解析

该持卡人未做好公务卡的妥善保管，类似的情况还有遗忘公务卡密码、丢失公务卡或过期未及时补办等。持卡人应加强对公务卡制度的了解和重视，妥善保管公务卡的卡片和密码，出现公务卡过期或者损毁丢失等问题应及时处理解决。另外，持卡人可以将公务卡与微信、支付宝等进行绑定，消除因实体卡毁损带来的不便。

延伸阅读

《中央预算单位公务卡管理暂行办法》(2007年)

第七条　预算单位财务部门应当依托公务卡支持系统，认真审核公务卡报销事项。对于批准报销的公务卡消费支出，应当按规定时间，通过零余额账户办理向公务卡的资金还款手续。

第八条　公务卡由中央预算单位统一组织本单位工作人员向发卡行申办。公务卡申办成功后，经预算单位确认核实，由发卡行将持卡人姓名和卡号等信息统一录入公务卡支持系统管理。

第九条　预算单位在工作人员新增或调动、退休时，应及时组织办理公务卡的申领或停止使用等手续，并通知发卡行及时维护公务卡支持系统。现有工作人员涉及公务卡的相关信息变动时，应及时通知发卡行维护公务卡支持系统。

第十四条　公务卡的卡片和密码均由个人负责保管。公务卡遗失或损毁后的补办等事项由个人自行到发卡行申请办理，并通过单位财务部门及时通知发卡行维护公务卡支持系统。

第二十三条　确因工作需要，持卡人不能在规定的免息还款期内返回单位办理报销手续的，可由持卡人或其所在单位相关人员向单位财务部门提供持卡人姓名、交易日期和每笔交易金额的明细信息，办理相关借款手续，经财务部门审核批准，于免息还款期之前，先将资金转入公务卡，持卡人返回单位后按财务部门规定时间补办报销手续。

第二十四条　单位财务人员登录公务卡支持系统，根据持卡人提供的姓名、交易日期和消费金额等信息，查询核对公务消费的真实性，审核确认后批准报销。

二、账户管理、划转资金不规范问题

1. 银行账户设立

案例十三　20××年×月，某省级事业单位从财政零余额账户“授权支付—基本支出”购买端午节福利经费 6600 元。

案例解析

该单位银行账户管理不规范，未按要求设立独立的工会经费账户，未进行独立核算。

延伸阅读

《基层工会经费收支管理办法》(2017 年)

第三条　基层工会经费收支管理应遵循以下原则：

……

(二)经费独立原则。基层工会应依据全国总工会关于工会法人登记管理的有关规定取得工会法人资格，依法享有民事权利、承担民事义务，并根据财政部、中国人民银行的有关规定，设立工会经费银行账户，实行工会经费独立核算。

……

2. 财政资金向实有资金账户划转

案例十四　20××年×月，某事业单位将零余额账户资金直接转入本单位实有资金账户，共转账5笔，金额合计9.93万元。其中，用途为维修维护的共3笔，金额合计7.93万元；用途为购买汽油的共2笔，金额合计2万元。该单位确认，7.93万元为支付机房工程款，分别从不同项目中将财政资金转账至本单位账户，再通过本单位账户统一进行支付。

案例解析

上述案例属于未经批准擅自向实有资金账户划转资金。财政部对财政资金向实有资金账户划转有严格的限制，只有符合规定的才可以划转，有的单位未经批准擅自划转资金或者超范围提前划转。比如，将本应分期划转的费用提前一次性划转，或者划转社保缴费超出实际支付额度等。一方面，此种行为属于违规划转；另一方面，财政资金转移后脱离监管，可能存在资金支出不合规的情况。

3. 直接支付与授权支付

案例十五　20××年×月，某事业单位支付用途为预付某业务用房建设资金的费用555万元至市政府采购资金专户。

案例解析

该案例属于未按照要求使用了财政授权支付方式支出。按照规定，事业单位单笔支付金额500万元以上财政资金支出应采用财政直接支付方式。实际工作中还存在通过人为拆分支付金额等手段规避财政直接支付审核、违规向实有资金账户转款、不按规定履行政府采购程序、违反财经纪律使用财政资金等行为，导致财政资金使用出现违规情况。

延伸阅读

《关于中央预算单位预算执行管理有关事宜的通知》(2020年)

一、做好用款计划编报

(一)预算单位要严格按照财政部规定的支付方式划分标准，确定资金支付方式。除下列情形外，单笔支付金额在500万元(含)以上的支出实行财政直接支付，单笔支付金额在500万元以下的支出实行财政授权支付：

1. 纳入财政统发范围的工资津贴补贴、离退休费，国有资本经营预算支出，以及财政部规定的有特殊管理要求的支出，实行财政直接支付；

2. 未纳入财政统发范围的工资津贴补贴、离退休费，社会保险缴费，职业年金缴费，住房改革支出，日常运行的水费、电费、应由单位支付给供热企业的取暖费，按规定计提的工会经费，需兑换外汇进行支付的支出，以及财政部批准的其他支出，实行财政授权支付。

二、严控向实有资金账户转款

……

(四)除下列情形外，预算单位不得从本单位零余额账户向本单位或本部门其他预算单位实有资金账户划转资金：

1. 依照政府购买服务相关制度规定，按合同约定需向本部门所属事业单位支付的政府购买服务支出；

2. 确需划转的工会经费、住房改革支出、应缴或代扣代缴的税金，以及符合相关制度规定的工资代扣事项；

3. 暂不能通过零余额账户委托收款的社会保险缴费、职业年金缴费、水费、电费、取暖费等；

4. 报经财政部(国库司)同意的归垫资金和其他资金。

三、发票管理、使用不合规问题

案例十六 20××年×月，某事业单位报销办公耗材费用时发现，个别发票在税务查验平台查验时结果显示“不一致”。

案例解析

上述案例属于使用不合规票据报销的情形。发票是保障国家税收收入、维护经济秩序的重要手段，随着金税系统的不断升级推广，发票管理越来越规范，但是仍然存在一些问题，比如无发票列支或者虚假发票列支。实际工作中的类似问题还有：使用已作废的发票或财政票据报销、发票的付款人名称与报销单位不一致、发票的收款人名称和发票专用章名称不一致等，此类票据均为不合规票据，不应作为报销凭证。

案例十七　20××年，某事业单位财务检查发现，部分发票未加盖发票专用章。

案例解析

按照规定，发票需要加盖发票专用章，未加盖发票专用章的发票原则上无法律效力。实际工作中，有的单位使用该类发票，实际并没有真实的经济交易发生，存在以发票套取资金的隐患。

案例十八　20××年，某事业单位9月报销的办公费中，其中一张198元的“办公用品”电子发票，已经在5月报销过了。经查，该单位对电子发票缺少登记查重管理。

案例解析

电子发票的使用越来越普及，方便的同时也增加了一些风险。电子发票的纸质打印件只是信息的载体，具有可复制的特点，不具备物理防伪功能。很多单位虽然实行发票电子化了，但报销系统并没有跟着一起升级。为避免电子发票的纸质打印件重复报销入账，各单位应建立完善的内控机制，严格按照规定执行。以电子发票的纸质打印件作为报销入账归档依据的，必须同时保存其所对应的电子发票。同时，应在报销入账时对发票代码、号码进行查重处理。

延伸阅读

《中华人民共和国发票管理办法》(2019 年)

第二十条　所有单位和从事生产、经营活动的个人在购买商品、接受服务以及从事其他经营活动支付款项,应当向收款方取得发票。取得发票时,不得要求变更品名和金额。

第二十一条　不符合规定的发票,不得作为财务报销凭证,任何单位和个人有权拒收。

第二十二条　开具发票应当按照规定的时限、顺序、栏目,全部联次一次性如实开具,并加盖发票专用章。

《关于规范电子会计凭证报销入账归档的通知》(2020 年)

三、除法律和行政法规另有规定外,同时满足下列条件的,单位可以仅使用电子会计凭证进行报销入账归档:

(一)接收的电子会计凭证经查验合法、真实;

(二)电子会计凭证的传输、存储安全、可靠,对电子会计凭证的任何篡改能够及时被发现;

(三)使用的会计核算系统能够准确、完整、有效接收和读取电子会计凭证及其元数据,能够按照国家统一的会计制度完成会计核算业务,能够按照国家档案行政管理部门规定格式输出电子会计凭证及其元数据,设定了经办、审核、审批等必要的审签程序,且能有效防止电子会计凭证重复入账;

……

四、单位以电子会计凭证的纸质打印件作为报销入账归档依据的,必须同时保存打印该纸质件的电子会计凭证。

四、违规设立“小金库”问题

案例十九　审计人员对某事业单位进行审计时发现,该单位将部分房屋出租给不同的公司和个体户,根据面积大小不同收取 2 万元到10万元不等的租金。20×6—20×8年，账上每年反映的租金收入差距很大，且多为现金收取，核对租赁合同发现，账上反映的租金收入与合同应收租金每年差距为10万～12万元。该单位解释说，一些承租方因经营不佳，部分租金没有收到。经进一步了解核查发现，在具体收取租金时，由该单位负责后勤管理的人员年初从单位财务部门借领一本发票，直接向承租方收取现金，定期将发票存根和现金交单位财务部门。根据这一情况，审计人员要求单位提供承租方欠交租金的欠条，单位无法提供。最后，单位承认有部分租金因承租方不要发票，故将现金收取且将承租方不要发票的收入设立了"小金库"。

案例解析

按照规定，事业单位的各项收入都要统一核算和管理，务求全面、真实、准确，坚决防止私分、瞒报收入。实际工作中，有的单位未将全部收入纳入统一核算和管理，而是截留后私设"小金库"，用于单位不便从账上列支的支出，甚至挪作个人所用，违反了财经纪律。

案例二十　审计人员对某事业单位进行审计时发现，该单位投资开办了一个公司。经查阅该单位和所属公司账簿发现，20×8年全年招待费仅几千元，延伸检查该单位和所属公司20×6年、20×7年账簿发现，每年招待费均8万余元，20×8年比20×6年、20×7年下降了95%以上。经询问单位领导，领导先解释说由于20×8年狠抓工作作风，大力压缩了招待费，后又解释说，一些招待费是以会议费名义支出的。审计人员指出，以会议费名义虚列支出，将资金转移到宾馆、招待所等用于接待是属于"小金库"，严重违反了财经法规，且20×6—20×8年该单位和所属公司会议费也呈逐年下降趋势。最后，该单位承认设立了"小金库"，将资金用于接待。

案例二十一　审计人员对某事业单位进行审计时发现，该单位投资设立了一个公司，20×7 年账上收到投资收益和所属公司的上缴款，但 20×8 年没有收到。延伸检查发现，该公司 20×8 年营业收入较 20×7 年大幅度减少，还发生了亏损。单位领导解释，由于 20×8 年公司经营不善，营业收入下降，故没有上缴款项。审计人员进一步检查该单位的津贴补贴发放情况发现，20×8 年津贴补贴支出低于 20×7 年，而人员又没有减少。最后，该单位承认，为规避企业所得税和个人所得税，公司在 20×8 年设立了两本账，将部分收入转移到小账上，用于发放单位人员津贴补贴。

案例解析

按照规定，投资收益、附属单位上缴收入均属于事业单位收入的一部分。实际工作中，为了规避企业缴纳各种税款，或为了规避事业单位对支出的监督管理，或为了违规列支不应支出的内容（如滥发津贴补贴）等，一些事业单位其下属企业经营实际产生效益却不上缴，或将部分资金以某些名目转到宾馆、饭店等进行不合规消费，以此设立"小金库"，均属于违规行为。

延伸阅读

《事业单位财务规则》（2022 年）

第十八条　事业单位应当将各项收入全部纳入单位预算，统一核算，统一管理，未纳入预算的收入不得安排支出。

《关于在党政机关和事业单位开展"小金库"专项治理工作的实施办法》（2009 年）

一、专项治理的范围和内容

……

（二）专项治理内容

违反法律法规及有关规定，应列入而未列入符合规定的单位账簿的各项资金（含有价证券）及其形成的资产，均纳入治理范围。重点是2007年以来各项“小金库”资金的收支数额，以及2006年底“小金库”资金滚存余额和形成的资产。对设立“小金库”数额较大或情节严重的，应追溯到以前年度。

“小金库”主要表现形式包括：

1. 违规收费、罚款及摊派设立“小金库”；

2. 用资产处置、出租收入设立“小金库”；

3. 以会议费、劳务费、培训费和咨询费等名义套取资金设立“小金库”；

4. 经营收入未纳入规定账簿核算设立“小金库”；

5. 虚列支出转出资金设立“小金库”；

6. 以假发票等非法票据骗取资金设立“小金库”；

7. 上下级单位之间相互转移资金设立“小金库”。

案例二十二 审计人员对某咨询评估机构进行审计时发现，该单位每年劳务费支出达20万元左右，每笔少则3000～5000元，多则4万～5万元。单位解释说，由于工作需要，每年要聘请很多专家开展工作，需要支付劳务费，在支付凭证上均有专家名单、身份证号、领取金额及领款人签字。审计人员进一步核查发现，凡是张某某为经办人的劳务费支付凭证上，要么是张某某代签代领，要么在领款人签字栏均有专家“本人”签名，但不同的专家笔迹雷同。还发现，有两笔金额高达2万元和1.5万元的劳务费支出，均由杨某某代签代领，但杨某某的两次签字笔迹完全不同。经核实，单位并没有杨某某其人。在证据面前，单位领导不得不承认通过劳务费套取现金设立“小金库”的事实，张某某正是领导授意具体掌管“小金库”的人员。

案例二十三 审计人员在对某高校进行审计时发现，该高校向所属未脱钩的杂志社支出了一笔10万元的宣传费，单位领导解释说，是因为单位要做一期专刊，并提供了合同和已出版的专刊。审计人员延伸检查该杂志社发现，杂志社确实收到了10万元宣传费，同时又向该高校分两笔支出了5万元劳务费，分别为2万元和3万元，全部为现金支出。在支付凭证上均有领款人名单、身份证号、领取金额及领款人签字，支付凭证上均标明为支付该专刊稿费。其中2万元的支付凭证上有具体领款人签字，而3万元的支付凭证上只有李某一人代签，而李某为该杂志社的工作人员。杂志社领导解释说，2万元稿费已经支付了，但发现计算错了，后来又重新计算，应再增加3万元，由李某代领。但审计人员发现，3万元的稿费支出时间早于另一笔2万元的稿费支出6天。经过审计人员宣传政策，单位承认2万元稿费发给了相关撰稿人员，但其余3万元设立了“小金库”。

案例解析

按照规定，实际提供了劳务的人员可以获取相对应的劳务报酬，没有实际发生劳务工作不应领取劳务报酬。实际工作中，某些单位私设名目，以劳务报酬的名义报销费用，将所套取的资金设立“小金库”。

案例二十四 审计人员对某事业单位进行审计时发现，该事业单位在经营支出中，开支了20笔共35万元的临时工劳务费。单位解释说，由于经营业务需要，每年要聘用大量的临时工，但不是由单位直接聘用，而是通过劳务公司聘用。进一步审核发现，有8笔劳务费的报销凭证均是税务机关代开的发票，支付的劳务费全部是现金。在检查劳务合同时发现，只有1笔劳务费有合同，其余7笔共8.3万元无合同。经过审计人员向单位领导做工作，其承认通过税务机关代开的发票虚列支出，套取现金设立了“小金库”。

案例解析

按照规定，劳务费是指个人独立从事各种非雇佣劳务而取得的所得，是个人从事自由职业取得的所得，必须是提供了设计、装潢、安装、测试、讲学、翻译等真实劳务方能获取对应的劳务报酬。实际工作中，有的单位为套取单位资金，虚构劳务事项，用报销所得资金设立单位“小金库”。

案例二十五 审计人员对某事业单位审计时发现，该单位于10月15日列支会议费4万元到某酒店，会议通知注明会议时间为10月23—26日，会期4天，所附会议人员名单20人。在延伸检查该事业单位所属公司时又发现，该公司于11月5日支出会议费8万元到同一酒店，会议通知注明会议时间为10月25—30日，会期6天，所附会议人员名单30人。经核查，两次会议人员名单有18人完全一致。在证据面前，该单位承认以会议名义将资金转移到某酒店，用于接待餐费和报销礼品。

案例解析

按照规定，会议召开应遵循厉行节约、反对浪费、规范简朴、务实高效的原则，严格控制会议数量和规模，提高会议效率和质量。按照不同层级的会议报请审批，经审批后的会议方能纳入会议计划，未纳入计划、不是必须召开的会议不应召开。实际工作中，有的单位为了套取会议费设立“小金库”，以虚报、冒领手段骗取会议费，属于违反财经纪律的行为。

案例二十六 审计人员对某后勤服务中心所属公司进行审计时发现，该公司多次向×公司采购材料，金额少则10万元，多则80万～90万元，且材料采购合同无单位公章，只有刘某一人签字，报销的发票上多数也只有刘某一人签字。单位领导解释，因为该公司部分业务由刘某承包，因此合同无公章。进一步核查发现，7月30日和7月31日，该公司在×公司分两批采购金额高达23万元和20万元的材料，合同注明采购的材料名称、型号、规格完全一致，但单价相差15%，且材料入库单和出库单均表明这两批材料当日进、当日出。在证据面前，单位领导和刘某承认其故意串通，将每年承包上缴任务从150万元降为50万元，刘某通过向×公司虚假采购材料，每年将75万元资金转移到单位“小金库”账上，用于发放职工津贴补贴。

案例解析

采购是单位为了满足物品(原材料、固定资产、办公用品等)或劳务(技术、服务等)等需要进行的各项经济业务活动。采购要做好询价,在满足单位需要的前提下,购买价格公道、质量合格的物品,并按要求与供应商签订合同,确定供货的数量、金额等。实际工作中,有的单位在采购业务方面管理不严格,通过签订虚假合同、购买物品明显高于市场价格等方式,套取资金设立“小金库”。

案例二十七　审计人员在对仅有50余人的某事业单位进行审计时发现,20×7年该单位账上办公费支出笔数多、单笔金额大;进一步核查原始凭证发现,该单位三次购买复印机,其中两台单价为5万元,一台单价为4万元,且均未履行政府采购程序。三台复印机只有单价为4万元的入了固定资产账,其余两台未入固定资产账。单位领导解释,该单位每年印刷资料比较多,因此购买复印机也比较多。审计人员突击实地核查了该单位复印机数量,只发现两台复印机,其中一台为20×5年购买、一台为20×7年购买。经过审计人员宣传政策,单位承认,实际未购买两台5万元的复印机,而是购买手机作为福利发给每位中层以上的职工,支出5万元,另外5万元套取现金设立“小金库”。

案例解析

按照规定,凡属于政府采购目录范围的内容,均应通过政府采购的方式购买。单位取得的固定资产要按照规定登记台账,定期或不定期进行盘点,保证账实相符。实际工作中,有的单位未按照政府采购要求购买目录范围内的固定资产,存在规避政府采购的监管要求,私自购买后不入固定资产台账,挪作个人使用,或者与供应商串通、更改实际购买内容等问题。

案例二十八　审计人员在对某医院及所属公司进行审计时发现，该公司 20×8 年“其他应付款—其他”科目中，年初数为 22.3 万元，当年无增加，但多次支出劳务费、会议费、餐费等，支出凭证合法，手续齐全。该科目年末数为 5.8 万元。延伸检查发现，该科目有关资金是在 20×6 年 12 月底发生的，资金量为 35 万元，资金来源为该事业单位的设备购置款。核查该事业单位 20×6 年 12 月账簿发现，当月设备购置支出 35 万元并以下属公司开具的发票报销，有相关合同但未入固定资产账。在证据面前，该单位承认，20×6 年预算结余 35 万元，以设备购置费名义将资金转移到所属公司，设立“小金库”，用于开支接待费、发放职工福利和津贴补贴等。

案例解析

按照规定，行政事业单位购买固定资产应及时登记台账，定期或不定期盘点，保证账实相符。实际工作中，有的单位通过与供应商（尤其是有关联关系的公司）串通的方式，签署虚假合同，捏造虚假交易，以设备等资产的名义，将资金转入其他账户，设立“小金库”，供单位日常开销。

延伸阅读

《中华人民共和国政府采购法》(2014 年)

第二条　在中华人民共和国境内进行的政府采购适用本法。

本法所称政府采购，是指各级国家机关、事业单位和团体组织，使用财政性资金采购依法制定的集中采购目录以内的或者采购限额标准以上的货物、工程和服务的行为。

……

第七条　政府采购实行集中采购和分散采购相结合。集中采购的范围由省级以上人民政府公布的集中采购目录确定。

属于中央预算的政府采购项目，其集中采购目录由国务院确定并公布;属于地方预算的政府采购项目,其集中采购目录由省、自治区、直辖市人民政府或者其授权的机构确定并公布。

纳入集中采购目录的政府采购项目,应当实行集中采购。

案例二十九 审计人员在对某事业单位及所属公司进行审计时发现,该公司 20×8 年收到事业单位交来的一笔现金 23 万元,记入“其他收入”,并用该资金购买小轿车 1 辆。进一步审计发现,该事业单位账上未发生此笔现金支出,该公司购置的小轿车实际上也是事业单位在使用。审计人员在向事业单位询问该现金来源时,有关人员回答此款是事业单位在公司兼职人员从事业务活动收取的,实际上是替公司收取的收入。经审计人员宣传政策,该事业单位承认,原来还有一家公司,在 20×5 年撤销,清算后将公司账面剩余的 25.3 万元全部以现金方式提出,未转入单位财务大账,设立“小金库”。后在 20×5—20×7 年用于单位集体活动 2.3 万元,20×8 年单位需要购置小轿车一辆,但资金比较紧张,因此将剩余 23 万元交给所属公司,代其购置小轿车。

案例解析

该案例存在通过虚构交易违规转移资金设立“小金库”的问题。按照规定,事业单位不能占用下属单位、企业的车辆。实际工作中,有的单位按照车辆编制不能购入新增车辆或者不能购入高档车辆,便将购车资金以虚假交易的形式转至下属单位、企业账户,由其代为购买车辆,但实际使用人为上级单位。

该案例还存在处置股权收入不规范的问题。按照规定,中央行政事业单位国有资产处置收入,应当在扣除相关税金、资产评估费、拍卖佣金等费用后,按照政府非税收入和国库集中收缴管理有关规定及时上缴中央国库。实际工作中,有的单位处置股权后,将处置收入留在单位账上,设立“小金库”。

延伸阅读

《中央行政事业单位国有资产处置管理办法》(2021年)

第三十二条　除国家另有规定外，中央行政事业单位国有资产处置收入，应当在扣除相关税金、资产评估费、拍卖佣金等费用后，按照政府非税收入和国库集中收缴管理有关规定及时上缴中央国库。

土地使用权转让收益以及占地补偿收益，按照财政部有关规定上缴中央国库。

各部门所属高等院校自主处置已达使用年限并且应淘汰报废的国有资产取得的收益，留归高等院校，纳入单位预算，统一核算、统一管理。

国家设立的中央级研究开发机构、高等院校转化科技成果所获得的收入全部留归本单位，纳入单位预算，统一核算、统一管理，主要用于对完成和转化职务科技成果作出重要贡献人员的奖励和报酬、科学技术研发与成果转化等相关工作。

第三十三条　中央事业单位利用国有资产对外投资形成的股权(权益)的处置收入，除按照中央国有资本经营预算有关规定应申报、上交的国有资本收益和国家另有规定外，按照以下规定管理：

(一)利用货币资金对外投资形成股权(权益)的处置收入纳入单位预算，统一核算，统一管理；

(二)国家设立的中央级研究开发机构、高等院校利用科技成果作价投资形成股权(权益)的处置收入纳入单位预算，统一核算，统一管理；

(三)利用其他国有资产对外投资形成的股权(权益)的处置收入，扣除投资收益以及相关税费后，按照政府非税收入和国库集中收缴管理有关规定及时上缴中央国库；投资收益纳入单位预算，统一核算，统一管理；

(四)统筹利用货币资金、科技成果和其他国有资产混合对外投资形成的股权(权益)的处置收入，按照本条第(一)、(二)、(三)项的有关规定分别管理。

第三部分　资产管理方面

一、在建工程未及时转为固定资产问题

案例三十　20××年，某事业单位未按照规定将竣工的×个建设项目做相应的账务处理，未将在建工程转为固定资产，涉及资金1000多万元。

案例解析

按照规定，如所属固定资产已达到预定可使用状态并用于正常使用，应及时从在建工程转至固定资产。实际工作中，因资金支付或审批程序等问题，有的单位未及时将在建工程转至固定资产。这种做法一是违反会计准则，属于未真实反映经济业务行为；二是由于固定资产未计提折旧而虚增了利润，不能真实反映资产账目、体现资产价值。

延伸阅读

《基本建设财务规则》(2017年)

第四十二条　项目竣工验收合格后应当及时办理资产交付使用手续，并依据批复的项目竣工财务决算进行账务调整。

《基本建设项目竣工财务决算管理暂行办法》(2016年)

第十九条　项目竣工后应当及时办理资金清算和资产交付手续，并依据项目竣工财务决算批复意见办理产权登记和有关资产入账或者调账。

二、固定资产未入账问题

案例三十一　某事业单位国有资产信息填报错误，账外固定资产×辆车暂估价值500多万元。

案例解析

按照规定，固定资产应及时入账，在资产台账和财务账中真实反映，并按照相关规定计提折旧。实际工作中，有的单位存在账外资产，可能是所购入的资产金额超标、超配购入无法入账，比如超标购买车辆，车辆未入账，未按照公车管理；也可能是单位核销与外单位的往来款项、以固定资产偿还债务得来的，仅核销了债务但并未入账，比如核销债务获取小汽车，但未按照规定入账，导致账上虽无公务用车，却存在公务用车各种费用报销。这些情况都存在财务风险。

案例三十二　某事业单位20××年×月购置广播电视设备×套，其中1套未计入固定资产，造成固定资产少计约5万元。

案例解析

按照规定，事业单位购入固定资产应及时入账，并当月计提折旧。实际工作中，有的事业单位存在固定资产少记、漏记的情况，可能存在将固定资产直接费用化或以公谋私等问题，造成国有资产流失。

延伸阅读

《中央行政事业单位固定资产管理办法》(2000年)

第八条　符合下列标准的列为固定资产：

(一)使用年限在一年以上，单位价值在500元以上、专用设备单位价值在800元以上，并在使用过程中基本保持原来物质形态的资产；

(二)单位价值虽不足规定标准,但耐用时间在一年以上的大批同类物资,按固定资产管理。

第十条　固定资产的计价:

(一)购入、调入的固定资产,按实际支付的买价、调拨价以及运杂费、保险费、安装费、车辆购置附加费等记账。

……

第二十条　固定资产的日常管理是指在日常行政工作或业务活动中对所需及占用的国有资产实施不间断的管理及核算,包括从编制固定资产预算、计划采购、验收入库、登记入账、领用发出到维修保养、处置等各个环节的实物管理和财务核算。

三、固定资产报废不合规问题

案例三十三　某事业单位未按规定执行定期盘点资产实物,造成账实不符。将大额资产拆分为数批金额较小的资产,未进行审批,分拨在限额规定之下报废。

案例解析

按照规定,大额资产报废应按相关规定走流程和手续,不应抱有简单随意处置、重采买轻处置的思想,更不能化整为零、人为拆分。实际工作中,有的单位存在多年固定资产未详实盘点或是盘点清查不清等问题,很多资产因人员更替或年代久远管理不善,已经查无实物,造成大额资产账实不符。为了看起来账实相符、规避审批,便人为拆分为小额资产,分拨分批报废。

延伸阅读

《关于加强行政事业单位固定资产管理的通知》(2020年)

二、加强基础管理,确保家底清晰

(四)核算入账。各单位要严格落实政府会计准则制度等要求,按规定设置固定资产账簿,对固定资产增减变动及时进行会计处理,并定期与固定资产卡片进行核对,确保账卡相符。对已投入使用但尚未办理竣工决算的在建工程,应当按规定及时转入固定资产。

(五)登记管理。加强固定资产卡片管理,做到有物必登、登记到人、一物一卡、不重不漏。对于权证手续不全、但长期占有使用并实际控制的固定资产,应当建立并登记固定资产卡片;对于租入固定资产,应当单独登记备查,并做好维护和管理。固定资产卡片应当符合规定格式,载明固定资产基本信息、财务信息以及使用信息,并随资产全生命周期管理动态更新,在行政事业单位国有资产年度报告中如实反映。

(六)清查盘点。定期对固定资产进行清查盘点,每年至少盘点一次,全面掌握并真实反映固定资产的数量、价值和使用状况,确保账账相符、账实相符。盘盈固定资产,应当按照政府会计准则制度等规定合理确定资产价值,按权限报批后登记入账。出现固定资产盘亏,应当查明原因、及时规范处理。

(七)权属管理。切实做好固定资产产权管理,及时办理土地、房屋、车辆等固定资产权属证书,资产变动应办理权证变更登记,避免权属不清。涉及产权纠纷或不清晰的固定资产,应按照产权管理规定,厘清产权关系。

三、规范管理行为,提升管理效能

(十一)规范处置。明确固定资产内部处置程序,严格按规定权限履行报批程序,及时处置固定资产。对长期积压的待处置资产,按“三重一大”事项履行集体决策程序,在规定权限内予以处置,切实解决“销账难”的问题。固定资产处置要做到公开、公正、公平。出售、出让、转让固定资产应依法依规进行资产评估,数量较多或者价值较高的,通过进场交易、拍卖等公开方式处置。确实不具备使用价值的处置资产,鼓励通过网络拍卖等方式公开处置。处置收入扣除相关税金、评估费、拍卖佣金等费用后,按照政府非税收入收缴管理有关规定及时缴入国库,实行“收支两条线”管理。

四、完善追责机制，加强监督检查

（十二）损失追责。各部门、各单位应当建立健全固定资产损失追责机制，落实损失赔偿责任。对因使用、保管不善等造成的固定资产丢失、损毁等情形，按照规定进行责任认定，由责任人承担相应责任。

四、超标准购置公务用车问题

案例三十四　某事业单位购置两辆公务用车，购置价格均为25.28万元，车辆配置超标准，单位以办理公务用车加油充值卡为名目，将部分购置费用转为公务用车燃油费，冲减公务用车购置费用。

案例解析

按照规定，公务用车购置应严格按照购车标准购置。实际工作中，有些单位公务用车超标准购置，为了合规，便将部分费用以公务用车燃油费等名目入账，此种行为不但违规，而且会造成公务用车购置费、燃油费等超预算、无预算开支。

延伸阅读

《中央国家机关公务用车编制和配备标准的规定》(2004年)

第二条　按照勤俭节约、反对浪费和保障公务活动需要的原则，核定公务用车编制，规范配备标准，严格控制公务用车数量，加强公务用车管理。

第四条　公务用车的配备标准：

（三）一般公务用车配备排气量2.0升（含2.0升）以下、价格25万元以内的轿车（客车、越野车等除外）。确需配备排气量2.0升以上、价格25万元以上车辆的，报国管局审批。

《党政机关公务用车管理办法》(2017年)

第十条　财政部门根据年度公务用车配备更新计划，按照预算管理有关规定统筹安排购置经费，列入公务用车主管部门预算。

第四部分　政府采购方面

一、合同金额与中标金额不一致问题

案例三十五　某事业单位通过公开招标采购一批专用设备，最终某公司以580万元中标。后经双方协商，中标人同意为采购人再提供总计110万元的配套设备，双方直接签订了金额为690万元的合同。

案例解析

按照规定，采购人与中标供应商签订合同时，必须根据招标文件和中标供应商的投标文件进行约定，不得对招标文件和中标供应商投标文件的实质性内容做变动，因此合同金额必须按照中标供应商的投标报价确定。如在合同执行过程中要追加采购相同的货物或服务的，在不改变合同其他条款的情况下，可以与原中标供应商签订补充合同，但金额不得超过原合同金额的10%，在这种情况下，不需要另行履行有关采购程序。该案例中，签订的合同金额超过中标金额110万元，高于原中标金额的10%，且超过了政府采购限额标准，应按照相关规定单独执行政府采购程序。政府采购应当厉行资金节约原则，充分发挥资金效益，拒绝浪费财政资金，避免项目冗余，坚决抵制恶意套取项目资金作为利益交换的行为。

延伸阅读

《中华人民共和国政府采购法》(2014年)

第四十六条　采购人与中标、成交供应商应当在中标、成交通知书发出之日起三十日内，按照采购文件确定的事项签订政府采购合同。

中标、成交通知书对采购人和中标、成交供应商均具有法律效力。中标、成交通知书发出后，采购人改变中标、成交结果的，或者中标、成交供应商放弃中标、成交项目的，应当依法承担法律责任。

第四十九条　政府采购合同履行中，采购人需追加与合同标的相同的货物、工程或者服务的，在不改变合同其他条款的前提下，可以与供应商协商签订补充合同，但所有补充合同的采购金额不得超过原合同采购金额的百分之十。

《中华人民共和国政府采购法实施条例》(2015 年)

第六十七条　采购人有下列情形之一的，由财政部门责令限期改正，给予警告，对直接负责的主管人员和其他直接责任人员依法给予处分，并予以通报：

(一)未按照规定编制政府采购实施计划或者未按照规定将政府采购实施计划报本级人民政府财政部门备案；

(二)将应当进行公开招标的项目化整为零或者以其他任何方式规避公开招标；

(三)未按照规定在评标委员会、竞争性谈判小组或者询价小组推荐的中标或者成交候选人中确定中标或者成交供应商；

(四)未按照采购文件确定的事项签订政府采购合同；

(五)政府采购合同履行中追加与合同标的相同的货物、工程或者服务的采购金额超过原合同采购金额 10%；

(六)擅自变更、中止或者终止政府采购合同；

(七)未按照规定公告政府采购合同；

(八)未按照规定时间将政府采购合同副本报本级人民政府财政部门和有关部门备案。

二、以化整为零方式规避公开招标问题

案例三十六　某事业单位年初部门预算编列采购某专用设备 4

台，预算金额为120万元，尚未实施采购。由于工作需要，需追加采购该专用设备4台，预算金额为120万元。在实施采购过程中，该单位按照竞争性谈判方式分两次实施采购，成交供应商均为某公司。

案例解析

按照规定，在一个财政年度内，一个预算项目下的同一品目或类别的货物、服务累计超过公开招标数额标准的，应当采用公开招标方式实施采购活动，以保证采购项目的公开、公正。如符合上述要求但采用公开招标以外的方式多次采购，属于以化整为零方式规避公开招标。该案例中，后期追加设备虽可视为预算调整，但因首批4台设备尚未实施采购，采购单位最终应按照两批设备的合计预算金额240万元为依据，采用公开招标方式一次性开展采购活动。化整为零的采购行为不仅不符合法律要求，而且加重了采购成本，与政府采购提高财政性资金使用效益的目的背道而驰，同时容易滋生政府采购中的腐败行为。

延伸阅读

《中华人民共和国政府采购法实施条例》(2015年)

第二十八条　在一个财政年度内，采购人将一个预算项目下的同一品目或者类别的货物、服务采用公开招标以外的方式多次采购，累计资金数额超过公开招标数额标准的，属于以化整为零方式规避公开招标，但项目预算调整或者经批准采用公开招标以外方式采购除外。

三、投标人相互串通投标问题

案例三十七　20××年8月，某事业单位上级管理部门成立审计小组，对该单位实施的政府采购项目开展内部审查工作。审查某公开招标采购项目时发现，该项目的采购内容为含有硬件和软件开发的系统集成项目，截至公告约定的截止时间，共有甲、乙、丙三家投标人按时递交投标文件，其中甲公司报价略低于采购预算，乙公司和丙公司的报价均与公布的采购预算金额一致，且乙公司和丙公司的各项分项报价均完全相同。进一步审查乙公司的投标文件发现，乙公司承担多项业绩的甲方均为甲公司，该项目最终中标人为甲公司。

案例解析

按照规定，不同投标人的投标文件异常一致或者投标报价呈规律性差异，视为投标人相互串通投标。该案例中，甲、乙、丙三家投标人的报价存在一定的规律性差异，且该项目采购内容包含硬件及软件开发等多项内容，乙公司和丙公司的各项分项报价却完全一致。另外，业绩材料显示，乙公司和甲公司有长期紧密的业务往来，故该项目有较大可能存在供应商之间串通投标、操纵采购的现象，需进一步深入审查。如确实存在供应商之间恶意串通的行为，应依法对供应商追究法律责任。

延伸阅读

《中华人民共和国招标投标法实施条例》(2019 年)

第三十九条　禁止投标人相互串通投标。有下列情形之一的，属于投标人相互串通投标：

(一)投标人之间协商投标报价等投标文件的实质性内容；

(二)投标人之间约定中标人；

(三)投标人之间约定部分投标人放弃投标或者中标；

(四)属于同一集团、协会、商会等组织成员的投标人按照该组织要求协同投标；

(五)投标人之间为谋取中标或者排斥特定投标人而采取的其他联合行动。

第四十条　有下列情形之一的，视为投标人相互串通投标：

(一)不同投标人的投标文件由同一单位或者个人编制；

(二)不同投标人委托同一单位或者个人办理投标事宜；

（三）不同投标人的投标文件载明的项目管理成员为同一人；

（四）不同投标人的投标文件异常一致或者投标报价呈规律性差异；

（五）不同投标人的投标文件相互混装；

（六）不同投标人的投标保证金从同一单位或者个人的账户转出。

《中华人民共和国政府采购法》(2014 年)

第七十七条　供应商有下列情形之一的，处以采购金额千分之五以上千分之十以下的罚款，列入不良行为记录名单，在一至三年内禁止参加政府采购活动，有违法所得的，并处没收违法所得，情节严重的，由工商行政管理机关吊销营业执照；构成犯罪的，依法追究刑事责任：

（一）提供虚假材料谋取中标、成交的；

（二）采取不正当手段诋毁、排挤其他供应商的；

（三）与采购人、其他供应商或者采购代理机构恶意串通的；

（四）向采购人、采购代理机构行贿或者提供其他不正当利益的；

（五）在招标采购过程中与采购人进行协商谈判的；

（六）拒绝有关部门监督检查或者提供虚假情况的。

供应商有前款第（一）至（五）项情形之一的，中标、成交无效。

四、虚假公开招投标问题

案例三十八　某事业单位分别于 20××年 5 月和 8 月两次向某咨询管理公司支出 240 万元和 210 万元，支出内容分别为“技术项目评审服务费”和“技术项目咨询费”。经审计人员核查，采购项目档案完善，但项目履约材料中除合同以外没有更具体的内容和支撑性文件等，且某公司已连续三年中标该事业单位的采购项目。查阅该项目历年公开招标文件发现，评分标准中的资质要求均设置为投标人需同时具备某 4 项资质得 10 分，缺 1 项整体得 0 分，该项得分只有某公司为满分，其他业绩、奖项等评分条款也通过特定行业、特定部门等倾向于某公司。进一步核查发现，某公司的股东之一为该事业单位领导层亲属。

案例解析

政府采购活动应遵循公开、公正、公平原则。按照规定，采购人或采购代理机构不得以不合理的条件对供应商实行差别待遇或歧视待遇，招标文件中的资格条件、评审标准及采购需求应避免有倾向性、歧视性和排他性条款。该案例中，虽然有完整的公开招标活动记录，但通过设置倾向性条款对供应商实行歧视待遇，使政府采购程序流于形式，存在极大可能组织了虚假公开招投标活动，扰乱政府采购制度的政策秩序，使财政资金蒙受损失。如确实存在采购人与供应商之间恶意串通的行为，应依法对其追究法律责任。

案例三十九　某事业单位通过公开招标方式采购一批专业设备，经审计人员检查其合同履约情况发现，采购订单日期为20××年6月20日，而中标公告日期为6月28日，合同签订日期为6月29日，采购订单日期早于中标公告日期。进一步审查了解到，该单位此类设备一直从中标公司采购，且该公司信誉良好、产品质量可靠，采购单位因着急使用设备，又未提前安排好政府采购活动，故直接下了采购订单，使公开招标流于形式。

案例解析

公开招标是政府采购的主要方式，能够体现规范程序、公平竞争、公正选择以及优胜劣汰的本质要求，最大程度地促进市场充分竞争，减少腐败行为。该案例中，采购单位人员法治意识淡薄，违背了政府采购制度，在招投标过程中存在与供应商串通行为，破坏了公平、公正的市场竞争秩序。行政事业单位人员应加强法治观念，在政府采购活动中，严格遵守相关法律法规，履行好采购人的主体责任。

同时，单位应进一步加强内部控制制度，制定严格的审批流程，避免此类现象发生。

延伸阅读

《中华人民共和国政府采购法实施条例》(2019 年)

第二十条　采购人或者采购代理机构有下列情形之一的，属于以不合理的条件对供应商实行差别待遇或者歧视待遇：

……

(三)采购需求中的技术、服务等要求指向特定供应商、特定产品；

(四)以特定行政区域或者特定行业的业绩、奖项作为加分条件或者中标、成交条件；

(五)对供应商采取不同的资格审查或者评审标准；

(六)限定或者指定特定的专利、商标、品牌或者供应商；

……

第七十四条　有下列情形之一的，属于恶意串通，对供应商依照政府采购法第七十七条第一款的规定追究法律责任，对采购人、采购代理机构及其工作人员依照政府采购法第七十二条的规定追究法律责任：

……

(五)供应商之间事先约定由某一特定供应商中标、成交；

(六)供应商之间商定部分供应商放弃参加政府采购活动或者放弃中标、成交；

(七)供应商与采购人或者采购代理机构之间、供应商相互之间，为谋求特定供应商中标、成交或者排斥其他供应商的其他串通行为；

……

五、评审因素未细化和量化问题

案例四十　某事业单位通过公开招标方式采购一批专业设备，

在招标文件的评分标准设定“投标人生产能力强、产品技术性能好得10分;投标人生产能力较强、产品技术性能较好得8分;投标人生产能力一般、产品技术性能一般得5分;投标人生产能力和产品技术性较差得1分”。

案例解析

按照规定,评审因素应当尽可能细化和量化,且分值设置应与评审因素的量化指标相对应。该案例中的项目属于货物类采购,应有大量客观可量化的技术指标可设置为评分标准,而案例中的评分因素设置过于笼统,给予评审专家过大的自由裁量权,可能会导致评审不公的问题。近几年,财政部发布了多个因评审因素未细化和量化的处罚案例,应引起重视,采购单位要加强相关法规学习。

延伸阅读

《政府采购货物和服务招标投标管理办法》(2017年)

第五十五条 ……评审因素应当细化和量化,且与相应的商务条件和采购需求对应。商务条件和采购需求指标有区间规定的,评审因素应当量化到相应区间,并设置各区间对应的不同分值。

……

《中华人民共和国政府采购法实施条例》(2019年)

第六十八条 采购人、采购代理机构有下列情形之一的,依照政府采购法第七十一条、第七十八条的规定追究法律责任:

……

(七)采用综合评分法时评审标准中的分值设置未与评审因素的量化指标相对应;

……

第五部分　项目管理方面

一、项目预算编制不合理问题

案例四十一　某事业单位项目20×7年结转146.7万元，20×8年结转486.97万元，20×9年在预算编制中未编制年初结转结余预算，同时继续安排当年财政拨款360万元，年底结转增至740万元。

案例解析

按照规定，结转结余资金应纳入当年预算中。实际工作中，某些单位未将年初结转结余纳入预算中，导致在还有累计未使用的项目结转资金情况下仍然申请该项目的当年预算，造成项目结转持续增加。有的单位为了多申请财政项目资金，通过少填报、不填报以前年度结转结余的方式隐瞒单位实际项目资金情况，导致出现项目预算编制不合理、财政资金浪费等问题。

延伸阅读

《中央部门结转和结余资金管理办法》(2016年)

第十四条　编制年度预算时，中央部门应充分预计和反映项目支出结转资金，并结合结转资金情况统筹安排以后年度项目支出预算。财政部批复年初预算时一并批复部门上年底项目支出结转资金情况。

第二十二条　中央部门应努力提高预算编制的科学性、准确性，合理安排分年支出计划，根据实际支出需求编制年度预算。

二、项目预算变更程序不合规问题

案例四十二 某事业单位有××改造项目，其可研报告中拟购置630kVA变压器，在20×7年6月公开招标的二标段的招标控制价中即变更为800kVA变压器，涉及金额12万元，其主管部门于20×8年11月批复同意；20×7年某修缮项目，项目可研批复总投资120万元，项目实施过程中24万元的UPS电源购置费变更为配电柜等，占项目总投资的20%，未履行审批手续。

案例解析

按照规定，项目实施过程中涉及改变可研批复内容的部分，项目单位应及时向审批单位报告，不得擅自变更。实际工作中，有的单位变更项目可研报告经批复的内容，没有及时向审批单位报告，或者审批单位批复不及时，导致项目未经审批单位批准同意就先变更了可研批复中的内容并进行项目实施。此种情况属于违规行为。

延伸阅读

《政府投资条例》(2019年)

第二十一条 政府投资项目应当按照投资主管部门或者其他有关部门批准的建设地点、建设规模和建设内容实施；拟变更建设地点或者拟对建设规模、建设内容等做较大变更的，应当按照规定的程序报原审批部门审批。

《中央预算内直接投资项目概算管理暂行办法》(2015年)

第十三条 项目初步设计及概算批复核定后，应当严格执行，不得擅自增加建设内容、扩大建设规模、提高建设标准或改变设计方案。确需调整且将会突破投资概算的，必须事前向国家发展改革委正式申报；未经批准的，不得擅自调整实施。

三、项目档案整理不规范问题

案例四十三　20××年，审计人员检查发现，某事业单位项目档案无目录，整理不规范，施工合同、竣工财务决算批复等为复印件；某项目资料与同年其他项目混存，缺少可研报告请示文件，其他管理类文件多为黑头无章文件。

案例解析

建设单位应按照《中华人民共和国档案法》《基本建设项目档案资料管理规定》等的要求，从项目申请立项时，即开始进行档案资料的积累、整理、审查工作；项目竣工验收时，同步完成资料的验收和归档工作。实际工作中，有的单位项目管理制度不完善，通常会忽视项目相关档案的整理和保管。档案管理也是内控管理的重要一环，如果缺失，不仅会给日后项目的相关检查带来不便，也会形成管理上的漏洞，一旦项目出现问题，就会查无对证，难以解决。

延伸阅读

《基本建设财务规则》(2017 年)

第三十四条　在编制项目竣工财务决算前，项目建设单位应当认真做好各项清理工作，包括账目核对及账务调整、财产物资核实处理、债权实现和债务清偿、档案资料归集整理等。

四、项目未按规定扣留质保金问题

案例四十四　20××年，审计人员检查发现，某事业单位有××修缮项目，工程施工合同未约定质保金及其支付方式，未按规定扣留质保金。

案例解析

质保金一般指的是工程质量保证金，是为了落实项目工程在缺陷责任期内的维修责任，建设单位与施工企业在项目工程建设承包合同中约定，从应付的工程款中预留，用以保证施工企业在缺陷责任期内对已通过竣工验收的项目工程出现的缺陷进行维修的资金。因此，为了保证工程项目的施工质量，保障建设单位的权益，建设单位应预留质保金，并应根据质保金的不同形式确定预留比例。如果工程项目已经缴纳履约保证金或者以工程质量保证担保、工程质量保险等其他保证方式的，则不用预留工程质量保证金。

延伸阅读

《建设工程价款结算暂行办法》(2004年)

第七条　发包人、承包人应当在合同条款中对涉及工程价款结算的下列事项进行约定：

(一)预付工程款的数额、支付时限及抵扣方式；

……

(七)工程质量保证(保修)金的数额、预扣方式及时限；

……

《建设工程质量保证金管理办法》(2017年)

第三条　发包人应当在招标文件中明确保证金预留、返还等内容，并与承包人在合同条款中对涉及保证金的下列事项进行约定：

(一)保证金预留、返还方式；

(二)保证金预留比例、期限；

……

第六条　在工程项目竣工前，已经缴纳履约保证金的，发包人不得同时预留工程质量保证金。采用工程质量保证担保、工程质量保险等其他保证方式的，发包人不得再预留保证金。

五、项目支出未按照合同执行问题

案例四十五 20××年，某事业单位××项目的合同中规定：从某公司采购专业设备一批，合同签订后支付款项的30%，收到专业设备并验收完成后支付货款的65%。实际上，该事业单位在还未收到货物时就提前支付了货款。

案例解析

该案例中，该事业单位没有按合同约定在收到货物后支付货款，而是提前支付，违反了合同约定。按照规定，合同签订生效后，合同各方应按照合同的款项履行义务，不能擅自改变。实际工作中，有的单位为加快项目预算执行进度而提前支付货款，或者没有对项目进行竣工验收手续就提前支付货款，甚至还存在虚构业务、转移项目款的问题。这些都属于违规违法操作。

延伸阅读

《建设工程施工发包与承包计价管理办法》(2014年)

第十七条 发承包双方应当按照合同约定，定期或者按照工程进度分段进行工程款结算和支付。

《中华人民共和国民法典》(2020年)

第五百零九条 当事人应当按照约定全面履行自己的义务。

当事人应当遵循诚信原则，根据合同的性质、目的和交易习惯履行通知、协助、保密等义务。

当事人在履行合同过程中，应当避免浪费资源、污染环境和破坏生态。

六、基建项目未及时办理竣工财务决算问题

案例四十六 某事业单位20××年竣工验收的中央基建项目，

两年后仍未办理竣工财务决算，结余资金未清理。

案例解析

项目竣工财务决算是正确核定项目资产价值、反映竣工项目建设成果的文件，是办理资产移交和产权登记的依据，包括竣工财务决算报表、竣工财务决算说明书以及相关材料。工程竣工验收后要及时进行项目竣工财务决算审计，结余的资金应该按照规定报上级部门，经审批后收回国库或者调剂至别的项目。实际工作中，有的单位认为工程竣工验收后项目就结束了，导致项目长期未进行竣工财务决算，不能形成资产，结余资金沉淀在账上，造成财政资金浪费。

延伸阅读

《基本建设财务规则》(2017 年)

第三十三条　项目建设单位在项目竣工后，应当及时编制项目竣工财务决算，并按照规定报送项目主管部门。

第四十八条　经营性项目结余资金，转入单位的相关财产。

非经营性项目结余资金，首先用于归还项目贷款。如有结余，按照项目资金来源属于财政资金的部分，应当在项目竣工验收合格后3个月内，按照预算管理制度有关规定收回财政。

《财政部关于基本建设项目结余财政资金收回同级财政的通知》(2015 年)

二、对于国库集中支付的结余资金，项目主管部门应在项目竣工后3个月内按规定申请预算调整，由同级财政部门发文收回结余的财政资金并相应调整部门预算指标和用款计划；对于非国库集中支付的结余资金，项目主管部门应在项目竣工后3个月内将结余的财政资金上交同级国库。

第六部分　费用支出方面

一、因公出国费支出不规范问题

案例四十七　20××年×月，某事业单位一行5人到国外某大学培训考察，违规让其下属企业承担该次出国费用并骗取出国审批。

案例解析

按照规定，因公临时出国经费要全部纳入预算管理，严格控制因公临时出国经费总额，科学合理地安排因公临时出国经费预算，不能超预算、无预算列支，更不能转嫁到下级机关、下属单位或企业等。实际工作中，有的单位因无出国经费预算，或预算超支，或无实质出国任务等情况，出现转嫁出国经费的问题。该案例中的出国任务并未经过审批，甚至可能存在骗取出国经费用于私人旅游的情况。因此，因公临时出国经费要纳入预算，加强管理。

案例四十八　20××年，某事业单位批复因公出国预算为0元，财务账出国费科目支出为0元。经查，实际出国两次，费用计入差旅费。

案例解析

该案例属于无预算安排因公出国经费问题。实际工作中，有的单位没有出国经费的预算却仍然安排出国，可能存在无实质性内容出国、未经审批出国、使用公款出国旅游或者办理私事等情况，回国后为了掩盖无预算出国的问题，便将费用处理为国内差旅费。

案例四十九　20××年×月，某事业单位报销因公出国补助费4580元(列其他应付款)，国际机票1.2万元(列差旅费)。原始凭证未附出国审批文件、出国代表团(组)费用结算表等。

案例解析

按照规定，因公出国应事先审批，未经批准的不得安排出国。因公出国回国报销时，要严格按照审批的出国计划和合规的费用支出进行报销。实际工作中，有的单位存在以下情况：一是以不正当方式谋求公款出国，比如通过虚报出国(境)公务、购买或者伪造邀请函、编造虚假日程等方式，谋求公款出国(境)；二是出国后，未按照申报并经外事部门批准的计划组织实施，变相用公款出国(境)旅游；三是在出国(境)期间擅自变更路线，办理私事等与工作无关的事情。因此，为了严格控制因公临时出国规模，规范因公临时出国经费管理，加强监督，报销时需要附上出国审批文件、国外费用报销单等凭证。

延伸阅读

《因公临时出国经费管理办法》(2013年)

第四条　因公临时出国经费应当全部纳入预算管理，并按照下列规定执行：

(一)各级财政部门应当加强因公临时出国经费的预算管理，严格控制因公临时出国经费总额，科学合理地安排因公临时出国经费预算。

(二)各地区各部门各单位应当加强预算硬约束，认真贯彻落实厉行节约的要求，在核定的年度因公临时出国经费预算内，务实高效、精简节约地安排因公临时出国活动，不得超预算或无预算安排出访团组。确有特殊需要的，按规定程序报批。

第六条　各地区各部门各单位出国经费的支付，应当严格按照国库集中支付制度和公务卡管理制度的有关规定执行。

各地区各部门各单位应当严格执行各项经费开支标准，不得擅自突破，严禁接受或变相接受企事业单位资助，严禁向同级机关、下级机关、下属单位、企业、驻外机构等摊派或转嫁出访费用。

第七条　各地区各部门各单位应当建立因公临时出国计划与财务管理的内部控制制度。出访团组应当事先填报《因公临时出国任务和预算审批意见表》(见附 1)，由单位外事和财务部门分别出具审签意见，明确审核责任。出国任务、出国经费预算未通过审核的，不得安排出访团组。

第十六条　出国人员回国报销费用时，须凭有效票据填报有团组负责人审核签字的国外费用报销单(具体表格由各单位制定)。各种报销凭证须用中文注明开支内容、日期、数量、金额等，并由经办人签字。

各单位财务部门应当根据本办法制定本单位财务报销审批的具体规定，加强对因公临时出国团组的经费核销管理。各单位财务部门应当对因公临时出国团组提交的出国任务批件、护照(包括签证和出入境记录)复印件及有效费用明细票据进行认真审核，严格按照批准的出国团组人员、天数、路线、经费预算及开支标准核销经费，不得核销与出访任务无关的开支。

二、公务用车运行维护费支出不规范问题

案例五十　20××年×月，某事业单位在财务检查中存在以下公务用车方面的问题：检查司机班汽车行驶记录，多数没有记录用车人，只登记用车单位，出车事由填写不明确；有派车单，但部分派车单存在无领导审批的情况；没有对派车单进行连续编号；公务用车燃油费管理不规范，无燃油费管理登记台账，日常将油卡交于司机自行使用；公务用车维修管理不规范，日常车辆维修为口头报修，无请修单，凭发票及结算单报销。

案例解析

按照规定，单位应加强对公务用车使用的管理，做好用车时间、事由、地点、里程、油耗、费用等信息的登记，堵塞公车管理的漏洞。实际工作中，有的单位没有做好公车使用的信息登记，或缺失时间地点，或出车事由记录不清，或相关的油费、维修维护费等与公车的使用对不上等，为公车私用、私车公养等违规行为大开方便之门。

案例五十一　某事业单位司机为聘用人员，未办理公务卡，20××年上半年，累计使用个人储蓄卡、现金等形式支付加油费18次，累计金额达7100元。该单位公车实际里程数的油耗并未达到加油费的金额。

案例解析

按照规定，公务用车加油应使用公务卡结算。实际工作中，有的单位使用现金、职工个人银行卡支付等形式支出加油费。由于这些支付方式无法体现资金流向，不能完全体现真实交易信息，会存在实际资金支出不是加油费用，或实际加油车辆不是公务车辆的情况。

案例五十二　20××年上半年，某事业单位公务用车加油均为临时性加油，未采用定点加油、政府集中采购。

案例解析

按照规定，公务用车加油应实行政府集中采购和定点加油制度。实际工作中，某单位公务用车加油管理不严格，经常在非定点加油站临时加油，公务用车加油的台账记录也不全面，存在公车私用或者私车公养的风险。

案例五十三　20××年×月，财务检查中发现，某事业单位存在机关车辆与直属单位车辆混合记账的情况：车辆和支出费用分别在机关和机关服务中心，但是记账混在一起，各项费用列支不清晰，管理不规范。

案例解析

按照规定，党政机关公务用车要按照编制管理，根据工作需要、机构设置等配备相应的车辆，不能占用下属单位车辆。实际工作中，有的单位存在上级机关和下属单位用车混乱的情况，造成公务用车费用列支不准确、在车辆维修等费用中报销非本单位车辆运行维护费用、上级机关占用下属单位车辆等问题。

延伸阅读

《党政机关公务用车管理办法》(2017 年)

第十六条　党政机关应当加强公务用车使用管理，严格按照规定使用公务用车，严禁公车私用、私车公养，不得既领取公务交通补贴又违规使用公务用车。

第二十条　党政机关应当建立健全公务用车使用管理制度，严格执行，加强监督，降低运行成本。

严格公务用车使用时间、事由、地点、里程、油耗、费用等信息登记和公示制度。严格执行回单位或者其他指定地点停放制度，节假日期间除工作需要外应当封存停驶。

实行公务用车保险、维修、加油政府集中采购和定点保险、定点维修、定点加油制度，健全公务用车油耗、运行费用单车核算和年度绩效评价制度。

第二十六条　党政机关有下列情形之一的，依纪依法追究相关人员责任：

……

(四)换用、借用、占用下属单位或者其他单位和个人的车辆，或者擅自接受企事业单位和个人赠送车辆的；

……

（七）在车辆维修等费用中虚列名目或者夹带其他费用，为非本单位车辆报销运行维护费用的；

……

《党政机关厉行节约反对浪费条例》(2013年)

第十一条　全面实行公务卡制度。健全公务卡强制结算目录，党政机关国内发生的公务差旅费、公务接待费、公务用车购置及运行费、会议费、培训费等经费支出，除按规定实行财政直接支付或者银行转账外，应当使用公务卡结算。

第二十七条　公务用车实行政府集中采购，应当选用国产汽车，优先选用新能源汽车。

公务用车严格按照规定年限更新，已到更新年限尚能继续使用的应当继续使用，不得因领导干部职务晋升、调任等原因提前更新。

公务用车保险、维修、加油等实行政府采购，降低运行成本。

三、公务接待费支出不规范问题

案例五十四　20××年×月×日，某事业单位结算11笔公务接待费，收款方均为同一酒店，其原因为所在地区欠发达，对企业购票和开具发票流程不熟悉，未能在接待完毕及时开票，所以出现了集中开票、集中报销的现象。

案例解析

按照规定，公务接待费应“一事一结”，不应长期挂账。实际工作中，有的单位在长期合作的饭店挂账公务接待费用，管理混乱，可能会造成单位人员私人用餐混在公务接待费中结算的情况。

案例五十五　20××年，某事业单位财务检查中发现，存在将业务值班和重大活动值班的盒饭、工作临时用餐、会议临时用餐、党员活动费等不属于公务接待费报销范围的费用在公务接待中报销的情况。

案例解析

按照规定，要严格控制公务接待的范围，因公务活动而产生的接待费用才能列入公务接待范畴。实际工作中，有的单位将工作临时用餐、加班餐费、党员活动费等费用列入公务接待中报销，一方面会造成公务接待费用不实，另一方面可能会存在用公款报销应由个人负担费用的情况。

案例五十六　20××年，某事业单位开展财务检查发现，公务接待存在管理不严、不规范的情况：有3次接待没有公函，用接待方案代替报销；用接待申请单、会议邀请函代替公函；派出单位公函和接待清单缺失等。

案例解析

按照规定，接待公函要素包括告知内容、行程、人员等，接待方案、接待申请单、会议邀请函不等同于接待公函。因此，在公务接待中，派出单位要向接待单位发出公函。接待清单包括接待对象的单位、姓名、职务和公务活动项目、时间、场所、费用等内容。实际工作中，有的单位未填写接待清单，该要件如缺失，会造成接待费用具体明细不清，为接待超标、超范围等留出可乘之机。

案例五十七　20××年至今，某事业单位多次将公务接待费以现金形式支付给个人。该个人为食堂承包经营者，开立了对公银行账户。

案例解析

按照规定，公务接待费的结算应使用公务卡或者银行转账，不具备条件的地方才能使用现金。实际工作中,有的单位未能严格按照要求选择支出方式,而是使用现金结算公务接待费,资金流向不明确,可能存在实际支出内容不符合公务接待相关规定的情况,比如从烟酒经销商购买高档酒水、从奢侈品店购买礼品等。

延伸阅读

《党政机关国内公务接待管理规定》(2013年)

第六条　接待单位应当严格控制国内公务接待范围,不得用公款报销或者支付应由个人负担的费用。

国家工作人员不得要求将休假、探亲、旅游等活动纳入国内公务接待范围。

第十四条　接待费报销凭证应当包括财务票据、派出单位公函和接待清单。

接待费资金支付应当严格按照国库集中支付制度和公务卡管理有关规定执行。具备条件的地方应当采用银行转账或者公务卡方式结算,不得以现金方式支付。

《党政机关厉行节约反对浪费条例》(2013年)

第二十条　党政机关应当建立公务接待审批控制制度,对无公函的公务活动不予接待,严禁将非公务活动纳入接待范围。

第二十一条　党政机关应当严格执行国内公务接待标准,实行接待费支出总额控制制度。

接待单位应当严格按标准安排接待对象的住宿用房,协助安排用餐的按标准收取餐费,不得在接待费中列支应当由接待对象承担的费用,不得以举办会议、培训等名义列支、转移、隐匿接待费开支。

建立国内公务接待清单制度,如实反映接待对象、公务活动、接待费用等情况。接待清单作为财务报销的凭证之一并接受审计。

案例五十八　20××年,某事业单位在某项目的会议费中列支餐费1.5万元。

案例解析

按照规定，会议费中包括的餐费应为开会期间的伙食费。在会议费中列支公务接待费，会造成三公经费不实，存在公务接待费实际超预算的情况。实际工作中，有的单位存在公务接待预算不够，但会议费花不完的情况，便通过此种形式规避接待费标准、扩大接待范围，这会造成接待费超标，增加会议费支出，存在会议费中隐藏接待费隐患的情况。

案例五十九 20××年×月，某事业单位在职工食堂接待上级部门人员，该项费用与职工餐费一起结算，未从公务接待费中列支。

案例解析

按照规定，公务接待费应当全部纳入预算管理，单独列示。实际工作中，有的单位在其他支出中列支接待费，一方面存在公务接待费列支不实，实际支出存在超预算甚至无预算的情况，另一方面潜藏着公务接待超范围、超标准的可能。

延伸阅读

《党政机关国内公务接待管理规定》(2013 年)

第十二条 各级党政机关应当加强对国内公务接待经费的预算管理，合理限定接待费预算总额。公务接待费用应当全部纳入预算管理，单独列示。

禁止在接待费中列支应当由接待对象承担的差旅、会议、培训等费用，禁止以举办会议、培训为名列支、转移、隐匿接待费开支；禁止向下级单位及其他单位、企业、个人转嫁接待费用，禁止在非税收入中坐支接待费用；禁止借公务接待名义列支其他支出。

四、会议费支出不规范问题

案例六十　20××年，某单位审定通过的会议计划17项，实际召开会议19次，部分会议为计划外召开，未经过相关审批程序。

案例解析

按照规定，会议应在年度计划中进行申报审批，会议费支出严格按照预算执行，执行中不得突破。实际工作中，有的单位未经审批在计划外召开会议，存在诸多问题：一是为了完成预算执行进度，擅自增开会议；二是虚列会议费，套取资金，设立"小金库"。因此，会议费的列支应经过审批，有计划开展。

案例六十一　20×5—20×7年，某事业单位某会议参会人数超过150人。20×5年、20×6年、20×7年，会议代表及工作人员合计分别为158人、162人、165人，该类会议为三类会议。

案例解析

按照规定，三类会议一般不得超过150人，工作人员控制在会议代表人数的10%以内。实际工作中，有的单位会议参会人员超标，存在会议费较高，按照实际人数会超出会议标准，便通过虚增会议人数进行报销的情况。

案例六十二　20××年，某单位召开会议共计花费3.02万元，其中向会议召开地所在下属单位摊派住宿费1.53万元。

案例解析

按照规定，会议费应由会议召开单位承担，不能向下属机构摊派。实际工作中，有的单位实际举办会议超出了预算金额，便采取向下属单位转嫁会议费的方式，规避会议费超预算的问题。还有一种情况，会议开支超出了会议费的标准，超出部分无法在举办单位结算，只能转嫁到下属单位。

案例六十三 20××年，某事业单位列支某项目验收会会议费4300元，列支某评估报告审查会会议费3500元，上述会议费报销时未附会议审批文件、参会人员签到表。

案例解析

按照规定，会议费报销时要提供会议审批文件、实际参会人员签到表。提供审批文件是为了核实是否经过审批，提供签到表是为了核实是否人数超标、费用超标。实际工作中，有的单位在会议费报销时未附会议审批文件、参会人员签到表，存在计划外开会或者虚报会议套取会议费的情况。

延伸阅读

《中央和国家机关会议费管理办法》(2016年)

第五条 各单位应当严格会议费预算管理，控制会议费预算规模。会议费预算应当细化到具体会议项目，执行中不得突破。会议费应当纳入部门预算，并单独列示。

第九条 各单位应当严格控制会议规模。

一类会议参会人员按照批准文件，根据会议性质和主要内容确定，严格限定会议代表和工作人员数量。

二类会议参会人员不得超过300人，其中，工作人员控制在会议代表人数的15%以内；不请省、自治区、直辖市和中央部门主要负责同志、分管负责同志出席。

三类会议参会人员不得超过150人，其中，工作人员控制在会议代表人数的10%以内。

四类会议参会人员视内容而定，一般不得超过50人。

第十四条　会议费开支范围包括会议住宿费、伙食费、会议场地租金、交通费、文件印刷费、医药费等。

前款所称交通费是指用于会议代表接送站，以及会议统一组织的代表考察、调研等发生的交通支出。

会议代表参加会议发生的城市间交通费，按照差旅费管理办法的规定回单位报销。

第十六条　一类会议费在部门预算专项经费中列支，二、三、四类会议费原则上在部门预算公用经费中列支。

会议费由会议召开单位承担，不得向参会人员收取，不得以任何方式向下属机构、企事业单位、地方转嫁或摊派。

第十七条　各单位在会议结束后应当及时办理报销手续。会议费报销时应当提供会议审批文件、会议通知及实际参会人员签到表、定点会议场所等会议服务单位提供的费用原始明细单据、电子结算单等凭证。财务部门要严格按规定审核会议费开支，对未列入年度会议计划，以及超范围、超标准开支的经费不予报销。

第二十八条　违反本办法规定，有下列行为之一的，依法依规追究会议举办单位和相关人员的责任：

（一）计划外召开会议的；

……

（三）虚报会议人数、天数等进行报销的；

……

五、培训费支出不规范问题

案例六十四　20××年×月，某事业单位以培训费名义支付××酒店1.7万元，并在培训费中列支，报销原始单据中无培训通知、培训学员签到表和费用明细清单。

案例解析

按照规定，会议费、培训费报销时，要求除原始发票外，还要附会议(培训)计划、相关通知、参会(培训)人员签到表、酒店的费用结算明细清单。实际工作中,少数单位以培训费或会议费的名义将资金转移到酒店,有三种情况:一是通过虚构培训或会议虚列支出,然后在酒店吃喝消费后签单;二是实际举办了培训或会议,但通过虚增培训或参会人数虚列支出,然后在酒店吃喝消费后签单;三是实际举办了培训或会议,但支出超标,通过虚增培训或参会人数把人均支出"摊低",使得培训费或会议费"看起来在规定标准内"。第一、二种情况实际上是虚列支出形成"小金库",第三种情况虽然不是虚列支出,但存在违规提高会议、培训标准的问题。

案例六十五　20××年,某单位向参训人员违规收取、转嫁摊派培训费,金额合计 2.3 万元。

案例解析

按照规定,培训费应由培训单位承担。实际工作中,有的单位向参训人员收取培训费用,目的是获取额外利益或者抵顶培训开支。

延伸阅读

《中央和国家机关培训费管理办法》(2016 年)

第十七条　报销培训费,综合定额范围内的,应当提供培训计划审批文件、培训通知、实际参训人员签到表以及培训机构出具的收款票据、费用明细等凭证;师资费范围内的,应当提供讲课费签收单或合同,异地授课的城市间交通费、住宿费、伙食费等按照差旅费报销办法提供相关凭据;执行中经单位主要负责同志批准临时增加的培训项目,还应提供单位主要负责同志审批材料。

各单位财务部门应当严格按照规定审核培训费开支,对未履行审批备案程序的培训,以及超范围、超标准开支的费用不予报销。

第十九条　培训费由培训举办单位承担,不得向参训人员收取任何费用。

六、差旅费支出不规范问题

案例六十六 20××年×月×日，某事业单位8人到异地开展主题党日活动，有关交通费、住宿费按差旅费报销，并领取出差补助800元。

案例解析

按照规定，外出开展党建活动，所发生的城市间交通费、住宿费可以在差旅费报销标准内实报实销，伙食费可以在出差伙食补助标准内凭发票据实报销，但无论在什么经费中（包括党费）开支，个人均不能领取交通补助和伙食补助。实际工作中，有的单位对党费支出政策与普通公务出差政策混淆，存在多领补助的情况。

延伸阅读

《中央和国家机关基层党组织党建活动经费管理办法》(2017年)

第十条 党建活动经费按支出项目，分别执行下列标准：

（一）城市间交通费、住宿费，参照中央和国家机关差旅费有关规定，按标准执行；个人不得领取交通补助。

（二）伙食费，参照中央和国家机关差旅费有关规定，在差旅费伙食补助费标准内据实报销；一天仅一次就餐的，人均伙食费不超过40元；个人不得领取伙食补助。

（三）讲课费，参照中央和国家机关培训费有关标准执行。

（四）租车费，大巴士(25座以上)每辆每天不超过1500元，中巴士(25座及以下)每辆每天不超过1000元；租车到常驻地以外的，租车费可以适当增加。

（五）场地费，每半天人均不得超过50元。

（六）资料费和其他有关费用经批准后据实报销。

案例六十七　20××年×月×日，某事业单位验收某项目出差，审批单出差人员1人，实际出行2人，审批单出差地点1处，实际出差地点2处。出差期间未按规定路线、日期执行。

案例解析

按照规定，出差必须报经单位有关领导批准，从严控制出差人数和天数。实际工作中，有的单位出差审批制度不严，出现实际出差人数、天数、出差地点未按照出差审批单执行的情况，这存在两方面的隐患：一是借出差名义，通过改变出差地点、天数的形式变相公款旅游；二是虚报实际出差人数，冒领差旅费。

案例六十八　20××年×月，某事业单位人员张某某赴某高校参加会议，会议期间食宿均由会议举办方承担，张某某回单位报销时领取了会议期间4天的伙食补助。

案例解析

按照规定，工作人员外出参加会议，举办单位统一安排食宿的，会议期间的食宿费由会议举办方统一开支，工作人员不得再另行领取伙食补助。实际工作中，有的单位人员参加了食宿全包的会议后，刻意隐瞒统一安排食宿事实，仍然领取补助，属于违规行为。

延伸阅读

《中央和国家机关差旅费管理办法》(2013年)

第四条　中央单位应当建立健全公务出差审批制度。出差必须按规定报经单位有关领导批准，从严控制出差人数和天数；严格差旅费预算管理，控制差旅费支出规模；严禁无实质内容、无明确公务目的的差旅活动，严禁以任何名义和方式变相旅游，严禁异地部门间无实质内容的学习交流和考察调研。

第三十条　工作人员外出参加会议、培训，举办单位统一安排食宿的，会议、培训期间的食宿费和市内交通费由会议、培训举办单位按规定统一开支；往返会议、培训地点的差旅费由所在单位按照规定报销。

案例六十九　20××年×月2—6日，某事业单位接待来自上级管理部门人员调研，收取出差调研人员的伙食费没有出具收据，而是直接交给承包食堂的个人，也未在单位账上反映。

案例解析

按照规定，出差人员交纳的伙食费，接待单位要及时做好登记、纳入统一核算，同时应出具收款凭证。实际工作中，有的接待单位没有做好伙食费收取的登记，也不提供收款凭证，由此造成了管理漏洞，一些人员钻了空子，既没有交纳伙食费，回到单位还领取补助。因此，接待单位要做好收取伙食费的登记，并出具收款凭证，以便备查。

延伸阅读

《关于规范差旅伙食费和市内交通费收交管理有关事项的通知》(2019年)

四、接待单位应当按规定收取出差人员相关费用，及时出具行政事业单位资金往来结算票据或税务发票；确实无法出具上述凭证的，可出具其他收款凭证。加强收取费用的管理，做好业务台账登记，纳入统一核算，所收费用可作为代收款项用于相关支出或作收入处理。

案例七十　20××年×月12—19日，某事业单位人员一行3人赴银川出差费用，实际发生住宿而无住宿费发票，也无领导审批的特殊情况说明，报销了往返路费、交通补助和伙食补助。

案例解析

按照规定，出差人员实际发生住宿却无住宿发票的差旅费，如无特殊情况，一般不予报销差旅费。实际工作中，有的单位发生此种情况，存在虚构出差事由，骗取出差费用的问题。

延伸阅读

《中央和国家机关差旅费管理办法有关问题的解答》(2014年)

3. 出差人员实际发生住宿而无住宿发票的差旅费如何报销？

出差人员实际发生住宿而无住宿费发票的，如果是住在自己家里的，或到边远地区出差，无法取得住宿费发票的，由出差人员说明情况并经所在部门领导批准，可以报销城市间交通费、伙食补助费和市内交通费，其他情况一般不予报销差旅费。

七、其他费用支出不规范问题

案例七十一 20××年，某事业单位向员工发放生日慰问金，标准300元/人，以银行转账的形式直接支付到个人储蓄卡账户。

案例解析

按照规定，单位可以向职工发放生日蛋糕，也可以发放指定蛋糕店的蛋糕券，但是不能直接发放慰问金。职工生日发放福利，目的在于关心职工、表达单位的关怀，实际工作中，有的单位借着生日发放福利的名义滥发各种津贴补贴。

案例七十二 20××年×月，某事业单位班子成员会议研究决定，从工会经费中以现金形式为职工按月发放伙食补贴款。

案例解析

按照规定，工会经费的集体福利支出，可以用于逢年过节和会员生日、婚丧嫁娶、退休离岗的慰问支出等，但不能随意滥发，否则就成了变相发放各种津贴补贴。实际工作中，有些领导觉得自己没有多拿津贴补贴，主要是为了广大干部职工谋求福利，就不存在问题，这是没有认识到不按照规定发放津贴补贴就是问题，因此，广大领导干部要时刻警醒，不能存侥幸心理。

延伸阅读

《基层工会经费收支管理办法》(2017年)

第八条　职工活动支出是指基层工会组织开展职工教育、文体、宣传等活动所发生的支出和工会组织的职工集体福利支出。包括：

……

(四)职工集体福利支出。用于基层工会逢年过节和会员生日、婚丧嫁娶、退休离岗的慰问支出等。

基层工会逢年过节可以向全体会员发放节日慰问品。逢年过节的年节是指国家规定的法定节日(即：新年、春节、清明节、劳动节、端午节、中秋节和国庆节)和经自治区以上人民政府批准设立的少数民族节日。节日慰问品原则上为符合中国传统节日习惯的用品和职工群众必需的生活用品等，基层工会可结合实际采取便捷灵活的发放方式。

工会会员生日慰问可以发放生日蛋糕等实物慰问品，也可以发放指定蛋糕店的蛋糕券。

工会会员结婚生育时，可以给予一定金额的慰问品。工会会员生病住院、工会会员或其直系亲属去世时，可以给予一定金额的慰问金。

工会会员退休离岗，可以发放一定金额的纪念品。

……

第二十二条　基层工会应严格执行以下规定：

……

（二）不准违反工会经费使用规定，滥发奖金、津贴、补贴。

……

案例七十三　某事业单位使用中央财政拨款资金200元购买办公台历。

案例解析

按照规定，严禁使用中央财政资金购买年历等物品。该案例中，财政部预算执行动态监控将其列为违反规定扩大开支范围、提高开支标准的行为，目前该单位已将资金退回国库。实际工作中，有的单位逢年过节使用公款大量购买、印制、邮寄、赠送贺年卡、明信片、年历等物品，印制奢华，浪费严重。为深入落实中央八项规定精神，坚决反对“四风”，中央就严禁公款购买、印制、寄送贺年卡等物品提出了要求。

延伸阅读

《关于严禁公款购买印制寄送贺年卡等物品的通知》（2013年）

各级党政机关、国有企事业单位和金融机构，严禁用公款购买、印制、邮寄、赠送贺年卡、明信片、年历等物品。涉及外事、港澳台事务、侨务等工作需要不在此限，但也要提倡节俭。要严肃财经纪律，强化审计监督，相关费用不准转嫁摊派，一律不予公款报销。

第七部分　制度建设和内部控制方面

一、购买防疫物资套取财政资金问题

案例七十四　20××年3—8月，某事业单位先后分四批次从省外购买防疫口罩（均为一次性医用口罩），均未刷公务卡或对公转账支付，而是由经办人通过微信、支付宝等方式以现金形式支付给同一人，同时伪造编造领取人签字。

案例解析

在实际工作中，有的单位以购买防疫物资名义将资金支付给个人等，有三种情况：一是通过虚构防疫物资虚列支出，直接套现，全部占为己有；二是采购了部分防疫物资，利用职务之便，多开具发票金额，将多开发票的资金占为己有；三是采购了部分防疫物资，通过防疫物资套取现金设立“小金库”。为避免出现以上违规行为，应加强内部控制制度的贯彻执行、完善物资出入库登记、财务审核把关等方面的管理。

延伸阅读

《行政事业单位内部控制规范》(2012年)

第十二条　单位内部控制的控制方法一般包括：

……

（五）财产保护控制。建立资产日常管理制度和定期清查机制，采取资产记录、实物保管、定期盘点、账实核对等措施，确保资产安全完整。

二、不相容岗位未相互分离问题

案例七十五　某事业单位出纳员于20×9年1月至20×0年5月挪用公款用于个人赌球，采取网银支付的方式多次向自己个人账户转款。该出纳员自20×9年1月起不再给会计提供银行回单，同时会计在原始单据缺失（或单据不完整）的情况下直接记账。

案例解析

该案例存在以下问题：一是内控管理方面存在不相容岗位未分离，网银U盾（制单盾和复核盾）由出纳员一人管理，出纳员一人可进行付款支付的全部操作，网银支付审核形同虚设；二是会计对单据缺失背后隐含的内控风险意识不够。对制度规范的严格执行是会计人员执行内控管理非常重要的一个方面，按照规定，会计对不完整的票据应退回。该案例的会计不但没有退回不完整票据，还直接记账，执行不规范给了出纳员可乘之机，会计监督失去作用。

延伸阅读

《行政事业单位内部控制规范》(2012年)

第十二条　单位内部控制的控制方法一般包括：

（一）不相容岗位相互分离。合理设置内部控制关键岗位，明确划分职责权限，实施相应的分离措施，形成相互制约、相互监督的工作机制。

……

第十五条　单位应当建立健全内部控制关键岗位责任制，明确岗位职责及分工，确保不相容岗位相互分离、相互制约和相互监督。

单位应当实行内部控制关键岗位工作人员的轮岗制度，明确轮岗周期。不具备轮岗条件的单位应当采取专项审计等控制措施。

内部控制关键岗位主要包括预算业务管理、收支业务管理、政府采购业务管理、资产管理、建设项目管理、合同管理以及内部监督等经济活动的关键岗位。

《会计基础工作规范》(2019 年)

第十二条　会计工作岗位,可以一人一岗、一人多岗或者一岗多人。但出纳人员不得兼管稽核、会计档案保管和收入、费用、债权债务账目的登记工作。

第七十四条　会计机构、会计人员应当对原始凭证进行审核和监督。

对不真实、不合法的原始凭证,不予受理。对弄虚作假、严重违法的原始凭证,在不予受理的同时,应当予以扣留,并及时向单位领导人报告,请求查明原因,追究当事人的责任。

对记载不准确、不完整的原始凭证,予以退回,要求经办人员更正、补充。

案例七十六　某事业单位下属资产运营中心 20×1—20×3 年房屋租赁现金收入共计 806 万元,占收入总额的 65%;房屋租赁收入合同签订、开票、收款及租赁管理都在同一科室,且租赁合同未提供给会计人员,现金收入年底统一送交财务,由财务存入银行。

案例解析

该案例存在以下问题:一是房屋租赁收入的合同签订、开票、收款和租赁管理都在同一科室,缺乏相互牵制、相互制约和监督的内部控制制度;二是租赁合同未提供给财务,缺乏财务监督;三是该单位未严格执行现金管理的有关规定,现金业务收入长期由业务人员自行保管,脱离监控,存在资金风险。

延伸阅读

《现金管理暂行条例》(2011 年)

第十一条　开户单位现金收支应当依照下列规定办理:

（一）开户单位现金收入应当于当日送存开户银行。当日送存确有困难的，由开户银行确定送存时间；

（二）开户单位支付现金，可以从本单位库存现金限额中支付或者从开户银行提取，不得从本单位的现金收入中直接支付（即坐支）。因特殊情况需要坐支现金的，应当事先报经开户银行审查批准，由开户银行核定坐支范围和限额。坐支单位应当定期向开户银行报送坐支金额和使用情况；

……

案例七十七　20×2年5月至20×4年9月，某事业单位财务结算中心主任助理吴某利用职务之便，两年时间就贪污800余万元用于赌博和生活挥霍。在此期间，吴某曾担任中心主任助理、会计等职务，并负责业务结算复核、结算凭证的录入、计息及资金成本的核算等工作。吴某利用职务之便，先后作案49次，将800余万元据为己有。

案例解析

首先，该案例存在单位印章和凭证管理不严的问题。单位财务章和其他财务人员的人名章均放在桌子上，凭证存放在没有锁的抽屉里，吴某偷来收款凭证，盖上单位财务章和其他财务人员的人名章，伪造收款凭证，取得下属企业收款的合法手续。其次，虽有岗位分工，却执行不力。吴某利用自己在单位和下属企业人头熟的条件，在取得收款凭证后，自己到下属企业收款。第三，银行对账不规范。单位与下属企业每月对账只看总额是否正确，不核对明细账。

延伸阅读

《行政事业单位内部控制规范》(2012年)

第十二条　单位内部控制的控制方法一般包括：

……

（二）内部授权审批控制。明确各岗位办理业务和事项的权限范围、审批程序和相关责任,建立重大事项集体决策和会签制度。相关工作人员应当在授权范围内行使职权、办理业务。

……

(六)会计控制。建立健全本单位财会管理制度,加强会计机构建设,提高会计人员业务水平,强化会计人员岗位责任制,规范会计基础工作,加强会计档案管理,明确会计凭证、会计账簿和财务会计报告处理程序。

案例七十八 20××年,审计人员对某事业单位所属公司进行审计时发现,该公司未经审批或无审批手续,多发放1人工资;同时多笔资金支付业务中的审批金额、付款金额和原始单据不一致。审计人员进一步检查发现,该单位网银U盾支付(制单人)、审核(最终授权人)未分离,均由同一人负责。

案例解析

按照规定,发放工资需经单位人事部门审批,而案例中该公司未经审批,多发放1人工资可能有几种情况:一是出纳员误操作,多支付一笔资金;二是由于该公司网银U盾没有按照规定分别由不同人员保管,造成资金支付缺少相互制约、相互监督的工作机制,关键岗位未实施相应的分离措施,可能存在虚假经济业务、出纳员造假、违规进行支付,资金被套取、挪用的情况。

案例七十九 某事业单位支付用途为电费的费用3888元至某职工个人储蓄卡账户。经核实,该单位现址使用的县城内村变压器,每月电费由村电工收缴。由于村电工年龄大,不使用银行卡,只收现金,因此,每月电费转到单位出纳员卡中,由其取出现金后再交给村电工。

案例解析

按照规定,出纳员和报销人为同一人,属于不相容岗位未做到分离的情况，内部控制的关键风险点未得到有效控制，有可能存在出纳员将报销费用据为己有，或者挪作他用（用于赚取利息等），待过段时间后再交给实际报销人的情况。

延伸阅读

《行政事业单位内部控制规范》（2012 年）

第二十九条　单位应当建立健全支出内部管理制度，确定单位经济活动的各项支出标准，明确支出报销流程，按照规定办理支出事项。单位应当合理设置岗位，明确相关岗位的职责权限，确保支出申请和内部审批、付款审批和付款执行、业务经办和会计核算等不相容岗位相互分离。

案例八十　某事业单位出纳员既负责收付款又负责领取银行对账单、编制余额调节表，在 20×2—20×8 年长达 6 年的时间里，通过伪造银行对账单、编制虚假的银行余额调节表骗取资金 570 万元用于私人炒股。

案例解析

按照规定，出纳人员不得兼管稽核、会计档案保管和收入、费用、债权债务账目的登记工作。该案例中，出纳员领取银行对账单，同时还编制余额调节表，内部控制关键岗位中的资金保管与监督混为一体，职责权限划分不清，未能实施不相容岗位相互分离措施，资金支出缺少相互制约、相互监督的工作机制，导致发生出纳员骗取资金的问题。

案例八十一　某事业单位借款业务比较多且结算频繁，经常为找一张借款单据查找半天账务，为简化流程，提高结算效率，决定由出纳员保管借款凭据，等结算后再交给会计做账，月末未结算的单据作为未达账项，出纳员核对确认后返给会计。结果出纳员利用保管大量借款凭据的机会，把自己挪用的资金也作为借款记入未达账项。

案例解析

按照规定，出纳人员不得兼管稽核、会计档案保管和收入、费用、债权债务账目的登记工作。该案例中，出纳员保管借款凭据，会计根据出纳员手中未结算的单据作为未达账项，借款的执行与核对工作由出纳一个人完成，相当于出纳员在债权债务的工作中承担了较为重要的角色，不相容职务没有做到相互分离，会计职责未履行到位，给出纳员可乘之机。

三、制度建设不健全问题

案例八十二　审计人员对某事业单位进行审计时发现，20×6—20×7 年，该单位报销的汽油费发票抬头全部为个人。20×7 年 3 月报销 2 月 1 日(春节期间)燃油费 200 元、2 月 2 日(春节期间)燃油费 465 元。车辆年行驶 13.08 万公里，加油费共计 22.9 万元。检查还发现，该单位内控不严、制度不健全，例如：无车辆使用管理办法，车辆未办理加油卡，未实行一车一卡、定点加油制度；油耗偏高，当年油价约 6.9 元/升，综合油耗约 25.37 升/百公里；加油较为随意，同一辆车昨天加过，今天又加，或者这次加 92＃汽油，下次加 95＃汽油。

案例解析

该案例存在单位报销的汽油费发票抬头为个人的问题。在日常工作中，以个人抬头开具的发票难以区分公私费用，存在“私车公养”的嫌疑。此外，该单位车辆使用管理办法的缺失及制度的不健全，且没有按照规定办理加油卡和实行一车一卡制度，管理混乱，油耗偏高，加油较为随意，易产生“公车私用”或“私车公养”的问题。

延伸阅读

《行政事业单位内部控制规范》(2012 年)

第二十九条　单位应当建立健全支出内部管理制度，确定单位经济活动的各项支出标准，明确支出报销流程，按照规定办理支出事项。单位应当合理设置岗位，明确相关岗位的职责权限，确保支出申请和内部审批、付款审批和付款执行、业务经办和会计核算等不相容岗位相互分离。

四、大额支出审批不规范问题

案例八十三　审计抽查发现，某事业单位下属企业收入来自于本系统部门的收入占比 80.45%。其中，20×5 年，承揽会议室装修设计工程，收取装修设计费 111.21 万元，转包给其他公司设计，委托设计费支出 36.03 万元；20×6 年，承揽某宣传片制作，收费 70 万元，转包费 17.45 万元。赚取的转包利润为成本的 3～4 倍，付费方均为本系统部门内部单位。审计人员查阅原始凭证和会议记录发现，大额维修改造、大额资金使用等事项未经集体研究决策，或者虽有集体决策，但决策记录不规范，缺少研究过程等关键要素。

案例解析

该案例存在以下问题：一是下属企业收入来自于本系统部门的收入占比 80.45%，赚取的转包利润为成本的 3～4 倍，付费的均为本系统部门内部单位，存在利益输送的风险；二是重大支出没有经过集体决议，存在“三重一大”事项决策不规范，容易产生决策失误造成单位损失。

案例八十四　审计人员对某事业单位进行审计时发现，大额资金支出 305.06 万元，无集体会议研究记录。例如，20××年分别支付某公司维修改造二期工程款 218.79 万元、33.25 万元,均未见单位领导班子集体会议研究记录。

案例解析

根据规定,重大经济事项的内部决策,应当由单位领导班子集体研究决定。案例中该单位领导班子集体会议研究没有会议记录,说明内控制度执行不到位,未按规定权限进行会议研究、决策,可能存在重大经济事项未经过充分集体研究,而是由一人拍板决定,从而导致资金风险甚至决策失误的情况。

延伸阅读

《行政事业单位内部控制规范》(2012 年)

第十二条　单位内部控制的控制方法一般包括:

……

(二)内部授权审批控制。明确各岗位办理业务和事项的权限范围、审批程序和相关责任,建立重大事项集体决策和会签制度。相关工作人员应当在授权范围内行使职权、办理业务。

……

第十四条　单位经济活动的决策、执行和监督应当相互分离。单位应当建立健全集体研究、专家论证和技术咨询相结合的议事决策机制。重大经济事项的内部决策,应当由单位领导班子集体研究决定。重大经济事项的认定标准应当根据有关规定和本单位实际情况确定,一经确定,不得随意变更。